AF537156

## REZEPTBUCH FÜR EINSTEIGER

Die leckersten und abwechslungsreichsten
Kaffee Rezepte für jeden Anlass

LAURA WILHELM

Email: info@edition-lunerion.de
www.edition-lunerion.de



Psiana eCom UG
Berumer Str. 44
26844 Jemgum

# Vorwort

Spätestens seit Cafés mit Siebträger, Latte macchiato und Bohnenverkauf die deutschen Innenstädte erobert haben, ist auch hierzulande völlig klar: Kaffee ist ein einzigartiges Kultgetränk. Allerdings landen auch erklärte Enthusiasten dann doch immer wieder beim üblichen Cappuccino – und damit wird der Wachmacher sträflich unterschätzt! Deshalb zeigt dieses Buch Ihnen, wie faszinierend vielfältig Kaffee eigentlich sein kann, und lädt Sie mit ausgewählten Rezepten zu einer einzigartigen Genussreise ein! Morgens ein Tässchen zum Wachwerden, die Kaffeepause im Büro oder der genussvolle Latte macchiato mit der besten Freundin: Kaffee ist aus dem Alltag der meisten kaum wegzudenken. Ob Filterkaffee, Espresso oder Cappuccino, das ist Geschmacksfrage, doch tatsächlich verbirgt sich im Kaffee-Universum eine ganz ungeahnte Vielfalt, die noch viel zu selten in der Tasse landet. Entdecken Sie in diesem Buch zunächst, welche Brühmethoden zur Verfügung stehen und wodurch sie sich jeweils auszeichnen. Anschließend werden Sie mit kinderleichten Schritt-für-Schritt-Anleitungen in kürzester Zeit zum Meister-Barista und zaubern schon bald makellosen Café Latte, Ristretto & Co. in die Tasse. Und wer von Kaffee gar nicht genug bekommen kann, findet internationale Spezialitäten aus aller Welt sowie zusätzlich kreative Rezepte wie Latte-macchiato-Cupcakes, Vanille-Kaffee-Creme oder Bandnudel mit Espresso-Pilzsauce.

*Guten Appetit!*

# INHALT

Wissenswertes ........ 1

*Die verschiedenen Kaffeearten & Kaffeesorten im Überblick* ........ *1*

*Wo hat die Kaffeebohne ihren Ursprung? – Die Geschichte des Kaffees* . *5*

*Von der Ernte bis zur Röstung* ........ *7*

*Wirkung & Inhaltsstoffe von Kaffee* ........ *11*

*5 Kaffee-Mythen* ........ *13*

*Welche Brühmethoden gibt es und wie funktionieren sie?* ........ *14*

*Die Siebträger-Maschine* ........ *18*

Rezepte ........ 21

Café latte ........ 22

*Einfaches Grundrezept* ........ *23*

*Latte mit doppeltem Espresso* ........ *24*

*Chili-Latte* ........ *25*

*Croatia-Style-Latte* ........ *26*

*Veganer Latte* ........ *27*

*Latte-Kunst – Motive auf dem Milchschaum* ........ *28*

Barista-Kaffee ........ 29

*Rose-Coffee* ........ *30*

*Lavendel-Limetten-Latte* ........ *31*

*Süßer Blumen-Hafer-Kaffee* ........ *32*

*Lungo Barista* ........ *33*

Café Frappé ........ 34

*Klassischer Frappé* ........ *35*

*(Frappé mit Milch) Frappé mé Gala* ........ *36*

*Frappé Pagoto – Frappé mit Vanilleeis* ........ *37*

Americano ........ 38

*Original Americano* ........ *39*

*Würziger Americano* ........ *40*

Espresso ........ 41

*Klassischer Espresso* ........ *42*

*Cold Espresso* ........ *43*

*Espresso Sorbetto* ........ *44*

Mocha / Mokka ........ 45

*Perfekter Mokka* ........ *46*

*Gewürzkaffee* ........ *47*

*Mokka-Schoko-Frappé* ........ *48*

Bubble Tea ........ 49

*Coffee Bubble Tea* ........ *50*

*Peachtea* ........ *51*

*Matcha Bubble Tea* ........ *52*

*Erdbeer-Latte-Tea* ........ *53*

International & Spezial ........ 54

Wiener Kaffeespezialitäten ........ 55

*Großer Brauner* ........ *56*

*Kapuziner* ........ *57*

*Der Einspänner* ........ *58*

*Fiaker* ........ *59*

*Franziskaner* ........ *60*

*Ein Verkehrter* ........ *61*

*Wiener Eiskaffee* ........ *62*

*Kännchen Kaffee* ........ *63*

*Blümchenkaffee* ........ *64*

*Muckefuck* ........ *65*

Holländische Kaffeespezialitäten .................... 66

*Dokkumer Kofje* .................... *67*

*(„verkehrter Kaffee") Koffie verkeerd* .................... *68*

Italienische Kaffeespezialitäten .................... 69

*Ristretto* .................... *70*

*Espresso macchiato* .................... *71*

*Caffé corretto* .................... *72*

Kaffeespezialitäten aus Asien .................... 73

*Kopi Gu You – Ein Butterkaffee aus Singapur* .................... *74*

*Dalgona-Kaffee* .................... *75*

*Vietnamesischer Eierkaffee* .................... *76*

Kaffeespezialitäten aus Afrika .................... 77

*El Barraquito* .................... *78*

*Ägyptischer Kaffee* .................... *79*

*Kaffeezeremonie in Äthiopien* .................... *80*

Rezepte mit Kaffee .................... 81

Eiskaffee & kühle Getränke .................... 82

*Kaffee-Smoothie* .................... *83*

*Café-Cocktail mit Walnusseis* .................... *84*

*Kaffee-Zitronen-Eistee* .................... *85*

*Kaffee-Cherry-Cola* .................... *86*

*Veganer Eiskaffee mit Waffeltopping* .................... *87*

*Cheesecake-Eiskaffee* .................... *88*

Kuchen & Gebäck .................... 89

*Espresso-Nuss-Brownies* .................... *90*

*Cappuccino-Kipferl* .................... *91*

*Starker Kaffeekuchen* .................... *92*

*Mokka-Kekse* .................... *93*

*Latte-Macchiato-Cupcakes* ... *94*
*Herbstlicher Birnen-Kaffee-Kuchen* ... *95*
*Windbeutel mit Kaffeecreme* ... *96*
*Pfirsich-Kaffee-Käsekuchen* ... *97*

Desserts ... 98

*Gewürz-Quark* ... *99*
*Espresso-Eis* ... *100*
*Joghurt-Keks-Dessert* ... *101*
*Vanille-Kaffee-Creme* ... *102*
*Kaffeepudding mit karamellisierten Haferflocken* ... *103*
*Tiramisu* ... *104*

Herzhaftes ... 105

*Kaffeetomaten-Risotto* ... *106*
*Kürbis-Kaffee-Suppe* ... *107*
*Knuspriges Kaffeebrot* ... *108*
*Kaffeepasta mit Mangosauce* ... *109*
*Bandnudeln mit Espresso-Pilzsauce* ... *110*

Bonus: Kosmetikrezepte mit Kaffee ... 111

*Koffein-Gesichtsmasken* ... *112*
*Haarkur* ... *113*
*Lippenpflege* ... *113*
*Cellulite-Behandlung* ... *113*
*Gesichtsöl* ... *114*
*Kaffee-Quark-Maske* ... *115*
*After-Sun* ... *116*
*Kaffee-Vanille-Peeling* ... *117*
*Tönende Tagescreme* ... *118*

# Wissenswertes

## DIE VERSCHIEDENEN KAFFEEARTEN & KAFFEESORTEN IM ÜBERBLICK

Bei der Gattung Kaffee (Coffea) unterscheidet man zwischen den Kaffeearten, den Kaffeesorten und den Kaffeespezialitäten. Bei den Kaffeearten geht es um die botanische Spezies, also um bestimmte Kaffeebohnen, die gezüchtet werden. Insgesamt gibt es 124 Arten. Sehr beliebte Kaffeearten sind Arabica-Kaffee oder Robusta-Kaffee, woraus auch die meisten Kaffeesorten hergestellt werden. Nur sehr wenige Kaffeesorten werden aus anderen Arten wie Excelsa, Liberica oder Maragogype hergestellt. Eine Kaffeeart ist also die Basis der Kaffeesorten. Robusta und Arabica machen 99 Prozent des Kaffeemarkts aus und andere Kaffeearten die restlichen 1 Prozent.

Die Kaffeesorten, auch Kaffeevarietäten genannt, sind abhängig vom jeweiligen Anbaugebiet, der Ernte, Röstung und Aufbereitung. Auch die klimatischen Bedingungen und der Nährstoffgehalt des Bodens sind entscheidend. Die Kaffeesorten haben deshalb auch mehr geschmackliche Nuancen als die Kaffeearten. Kaffeesorten sind zum Beispiel Kona, Java, Bourbon, Typica und basieren alle auf der Arabica-Kaffeeart.

Die Kaffeespezialität bezeichnet das Heißgetränk, welches aus den gemahlenen Bohnen hergestellt wird. Einige Kaffeesorten sind für bestimmte Kaffeespezialitäten besser geeignet als andere. Der Robusta-Kaffee wird zum Beispiel gerne für Espresso oder Instant-Kaffee verwendet. Zu den Kaffeespezialitäten gehören Cappuccino, Latte macchiato, Eiskaffee, Espresso, Kaffee Konsul oder Fiaker.

Info: Wussten Sie, dass die Kaffeebohne aus der botanischen Perspektive eigentlich keine Bohne, sondern der Samen der Kaffeepflanze ist? Die Früchte sehen aus wie Kirschen, weshalb diese auch „Kaffeekirschen“ genannt werden. Diese Früchte enthalten meist zwei Steinkerne, die als die eigentlichen Kaffeebohnen gelten. Die sogenannten Steinkerne enthalten etwa 0,8 bis 2,5 Prozent Koffein.

## Kaffeearten

- ***Excelsa:*** Diese Kaffeeart ist eine seltene Delikatesse, die im Jahr 1904 am Tschadsee in Westafrika entdeckt wurde. Sie ist jedoch kaum bekannt und macht nur etwa 1 Prozent der Kaffee-Weltproduktion aus. Die Pflanze wird etwa bis zu 20 Meter hoch, hat kräftige Wurzeln und wächst in trockenen Gegenden. Der Geschmack ist sehr erdig und gewöhnungsbedürftig.

- ***Arabica:*** Die Arabica-Pflanze wächst bei einem kühleren Klima zwischen 18 und 22 Grad. Die Kaffeekirsche braucht viel Zeit für die Reifung, weshalb das Aroma sehr variantenreich sein kann. Deshalb ist die Arabica-Sorte auch so beliebt.

- ***Robusta:*** Wie der Name schon sagt, ist die Kaffeeart sehr robust und kann in mehreren Gebieten gut gedeihen. Sie schmeckt sehr erdig und hat ein säurearmes Aroma.

- ***Liberica:*** Diese Kaffeeart wird wenig verkauft. Ihre Früchte sind sehr hart, enthalten viel Zucker und viel Koffein. Dadurch verfügt diese Sorte über weniger Aroma als Arabica oder Robusta.

- ***Maragogype:*** Die Pflanze ist eine Kreuzung aus Arabica und Liberica und weist ein sehr mildes und säurearmes Aroma auf. Dieser Kaffeestrauch ist sehr robust und wird oft für den Filterkaffee verwendet.

- ***Stenophylla:*** Aufgrund des Klimawandels könnte diese Kaffeeart bald den beliebten Arabica-Kaffee ablösen. Während der Arabica-Kaffee nur unter kühleren Temperaturen wachsen kann, kann die Stenophylla auch unter trockenen und hohen Temperaturen wachsen und weist auch ein besonders leckeres Aroma auf.

## Kaffeesorten

- ***Jamaica Blue Mountain*** (Variante des Arabica-Kaffees): Auch in Jamaica wird Kaffee angebaut. Die Bohne verdankt ihren Namen der Bergkette Blue Mountains, wo diese auf einer Höhe von 900 bis 1700 Metern angebaut wird. Das kühlere Klima sorgt für einen ganz besonders milden, süßen und gleichzeitig intensiven Geschmack.

- ***Kona-Kaffee*** (Variante des Arabica-Kaffees): Diese Sorte wird auf Hawaii, im Kona-District, angebaut. Sie wächst an den Vulkanhängen. Dieses Klima ist für den milden, sanften und vollmundigen Geschmack verantwortlich. Auf Hawaii gibt es sogar ein Festival, welches diesen Kaffee feiert.

- ***Geisha-Kaffee:*** Die Geisha-Kaffeesorte stammt aus Japan, ursprünglich jedoch aus Äthiopien und wird heute auch in Südamerika angepflanzt. Viele Experten und Kaffeeliebhaber bezeichnen das Aroma als einzigartig. Es ist blumig, mild und fruchtig und hat einen sehr vielseitigen Geschmack.

- ***Kopi Luwak:*** Diese Kaffeeart ist eine Mischung aus Arabica, Excelsa und Liberica und gilt als die teuerste Kaffeesorte weltweit. Allerdings raten wir von dem Kaffee ab, da dieser Tierquälerei fördert. Denn das Besondere an dem Kaffee ist, dass die Kaffeekirschen den Darmtrakt von Schleichkatzen, die in Asien leben, durchlaufen. Dadurch erhalten sie ein erdig-schokoladiges Aroma. Die Katzen werden dafür jedoch in Käfige eingesperrt, wo sie fast nur noch die Kaffeekirschen zu fressen bekommen. In der freien Natur fressen die Tiere jedoch auch Insekten, Reptilien oder Eier, weshalb sie in Gefangenschaft schnell unter einem Nährstoffmangel leiden.

- ***Black Ivory:*** Auch der Black Ivory gehört zu den teureren Sorten und ist die thailändische Variante des Kopi Luwak. Allerdings werden die Kaffeebohnen hier nicht an Katzen, sondern an ELefanten verfüttert. Denn im ELefantenmagen werden die Bitterstoffe gespalten und es entsteht ein fruchtig-schokoladiges Aroma. Die ELefanten werden auf einem Gnadenhof gehalten. Diese Bedingung ist ein wenig besser als die der Schleichkatzen.

## Gemeinsamkeiten & Unterschiede: Arabica vs. Robusta

Die beiden Kaffeearten haben ganz eigene und besondere Merkmale, was den Geschmack, das Aussehen und den Anbau angeht. Da dies die beiden beliebtesten Kaffeearten sind, bekommen Sie hier einen kleinen Überblick über die Gemeinsamkeiten und Unterschiede.

***Pflanzenart:*** Die Arabica-Pflanze nennt sich Coffea Arabica und die Robusta-Pflanze heißt Coffea Canephora.

***Aussehen:*** Kaffeekirschen der Arabica-Pflanze sind länglich, flach und haben einen oval geschwungenen Einschnitt, während die Robusta-Kaffeekirschen eher rund und klein sind und einen geraden Einschnitt haben.

***Anbauregionen:*** Der Arabica-Kaffee wird vor allem in Brasilien, Venezuela, Äthiopien, Bolivien, Kolumbien, Ostafrika und in der Karibik angebaut und der Robusta-Kaffee in Indonesien, Papua-Neuguinea, Westafrika, Brasilien und im Vietnam.

***Besondere Merkmale:*** Die Arabica-Pflanze hat sehr hohe Ansprüche an Boden und Klima und ist eine sehr empfindliche Pflanze, während die Robusta-Pflanze widerstandsfähiger ist und sich klimatischen Bedingungen besser anpassen kann.

***Anbauhöhe und Klima:*** Arabica-Pflanzen wachsen auf einer Höhe von 600 bis 2300 Metern bei einer hohen Luftfeuchtigkeit. Sie brauchen vor allem viel Schatten und konstante Temperaturen. Die Robusta-Pflanze hingegen wächst auf einer Höhe von 300 bis 600 Metern (Hanglage) und mag hohe Temperaturen.

***Reifung:*** Die Arabica-Bohnen sind etwas schneller reif. Diese brauchen 9 Monate und die Robusta-Bohnen etwa 10 bis11 Monate.

***Koffeingehalt:*** Kaffeekirschen der Arabica-Bohnen haben einen Koffeingehalt von 1,1 bis 1,7 Prozent. Robusta-Bohnen haben einen deutlich höheren Koffeingehalt. Dieser liegt bei 2 bis 4,5 Prozent.

***Geschmack:*** Kaffee, der aus Arabica-Bohnen hergestellt wurde, schmeckt nussig, fruchtig, schokoladig, beerig bis hin zu sehr süß. Der Kaffee aus Robusta-Bohnen ist eher kräftig, holzig, nussig bis hin zu bitter.

# WO HAT DIE KAFFEEBOHNE IHREN URSPRUNG? – DIE GESCHICHTE DES KAFFEES

Der Begriff Kaffee stammt von den arabischen Wörtern Kahwe oder Qahwa ab, was übersetzt Stärke und Lebenskraft bedeutet.

Es ist nicht genau dokumentiert, wann der Anbau des Kaffees begonnen hat. Was man aber weiß, ist, dass die Pflanzengattung Coffea in Afrika entstanden und durch Menschen auf andere Kontinente gelangt ist. Eine Legende besagt, dass der Hirte Kaldi den Kaffee entdeckt hatte, nachdem seine Ziegen sehr aufgedreht waren, als diese die Kaffeekirschen gegessen haben. Eine andere Legende besagt, dass der Prophet Mohammed während einer Krankheit vom Erzengel Gabriel Kaffee gereicht bekommen hat und sich nicht nur gesund, sondern auch viel aktiver und besser als je zuvor gefühlt hat.

Der Ursprung des Kaffees ist im Südwesten Äthiopiens in der Region Kaffa zu finden. Dort wurde der Kaffee schon etwa 900 n. Chr. erwähnt. Hier wurden die getrockneten Kirschen und Blätter wie Tee mit heißem Wasser aufgegossen. Der Gelehrte Ibn Sina hat aus Kaffee im 11. Jahrhundert ein Heilmittel angefertigt, welches sich Bunchum nannte und mehr Energie bringen sollte. Es bestand aus Kaffeebohnen, Tierfett und Kaffeesud. Allerdings wurde dieses auch Sklaven gegeben, um ihr Hungergefühl zu betäuben.

Im 14. Jahrhundert gelangte der Kaffee aus der Region Kaffa nach Arabien und im 16. Jahrhundert in das persische Safawiden-Reich und ins Osmanische Reich. Selbstverständlich war der Kaffee damals noch nicht das, was wir heute darunter verstehen. Die Kaffeebohnen wurden in einer Eisenpfanne geröstet, danach mit einem Mörser zerkleinert und in einem Tonkrug mit Wasser aufgekocht und mit Zucker gesüßt.

Leonhard Rauwolf, der aus Augsburg kam, entdeckte auf einer Reise im Jahr 1573 den Kaffee in Aleppo und berichtete 1582 davon. Ab dem 17. Jahrhundert wurde der Kaffee auch in europäischen Ländern getrunken. Da es viele europäische Kolonien gab, wurde der Kaffee auf karibischen und lateinamerikanischen Plantagen angebaut. Dort gab es für die Kaffeepflanze gute klimatische Bedingungen. Bereits im 16. Jahrhundert eröffneten in Istanbul die ersten Kaffeehäuser. Diese wurden jedoch vom damaligen Herrscher Murad IV. verboten und niedergerissen. Auch die Kaffeetrinker selbst wurden verfolgt und bekamen eine Strafe.

Durch Rauwolf, der den Kaffee nach Europa brachte, gab es im 17. Jahrhundert Kaffeehäuser in Venedig, London, Wien und Paris. In Deutschland gab es die ersten Kaffeehäuser 1673 in Bremen und 1721 in Berlin.

Meist konnten sich nur reichere Menschen Kaffee leisten, doch etwa Mitte des 19. Jahrhunderts wurde der Kaffee zum Volksgetränk und auch weniger wohlhabende Menschen konnten sich das Getränk leisten. Denn zu dieser Zeit gab es auf südamerikanischen Plantagen eine Massenproduktion, sodass die Preise sanken, und gleichzeitig gab es durch die Industrialisierung einen wirtschaftlichen Aufschwung. Auch den Arbeitern in Fabriken gab man eine Kaffeesuppe zu essen, die aus Milch, Brot, Butter und Kaffee bestand. Sie wirkte sehr sättigend und wachhaltend.

Da sich Melitta Bentz immer an dem verbleibenden Kaffeesatz störte, erfand sie im Jahr 1908 den Filterkaffee. Sie hämmerte Löcher in eine Blechdose und legte ein Löschblatt eines Schulhefts hinein. Noch im selben Jahr erhielt sie das Patent und gründete mit 73 Pfennig Startkapital ein Gewerbe, welches in den nächsten Jahren ein milliardenschweres Unternehmen werden würde.

In der heutigen Zeit wird der Kaffee in tropischen und subtropischen Zonen angepflanzt. Ganz grob kann man die verschiedenen Anbaugebiete in drei Zonen einteilen:

Die Arabica-Zone (Mittelamerika, Karibik, Kolumbien, Venezuela, Bolivien, Peru, Paraguay, Äthiopien, Uganda, Zimbabwe, Malawi)

Die Robusta-Zone (da dieser Kaffee kälteempfindlich ist, findet man diesen auf dem 10. Breitengrad in Südostasien und in Westafrika)

Die Robusta- und Arabica-Zone: Obwohl Kaffee in Subtropen wächst, meist in bergigen Ländern in der Nähe des Äquators, wie Kolumbien oder Äthiopien, gibt es aber auch in Europa, den USA und vor allem auch in Japan eine sehr ausgeprägte Kaffeekultur.

# VON DER ERNTE BIS ZUR RÖSTUNG

## Reifeprozess

Eines der zentralen Dinge bei der Kaffeeernte ist die Farbe der Kaffeekirsche. Durchschnittlich besitzt die Kirsche einen Durchmesser von 1,5 cm und eine grüne Farbe. Solange diese noch grün ist, sollte sie nicht geerntet werden. Nach ein paar Wochen und Monaten verändert sich die Farbe zu einem orangefarbenen Ton und später zu Dunkelrot. Meist dauert der Reifeprozess etwa sieben bis acht Monate. Um festzustellen, ob die Kirsche wirklich reif ist, wird die Frucht leicht angedrückt – wenn die Bohne einfach herausfällt, ist der Zeitpunkt für die Ernte fast erreicht. Es gibt auch einige Kaffeekirschen, die gelb anstatt rot sind. Dies trifft zum Beispiel auf den Kaffee Segrendo Amarelo zu, der Aromen aus Mango und Passionsfrucht enthält.

## Erntemethoden

Kaffee kann entweder mit einer Maschine oder mit der Hand geerntet werden. Da jedoch viele Plantagen sehr nahe an einem Hang stehen, muss der Kaffee mit der Hand gepflückt werden. Dies ist sehr anstrengend, da man das Fruchtfleisch zerstören kann, wenn dieses nicht langsam genug von dem Strauch abgedreht wird. Traditionelle Methode: Früher haben die Kaffeebauern die Bohnen einfach eingesammelt, als diese von alleine abgefallen sind.

**Stripping-Methode**: Beim Stripping werden die Früchte und Blätter direkt von der Pflanze entfernt. Übrig bleibt ein kahler Zweig. Diese Arbeit wird auch oft von Maschinen erledigt. Somit werden die Früchte aufgefangen oder sie fallen auf den Boden. Ein Vorteil ist hier zwar die Geschwindigkeit, aber die Qualität des Kaffees lässt dadurch deutlich nach, da man auch unreife Bohnen zwischen den reifen aberntet.

**Picking-Methode**: Hier werden nur rote Früchte mit der Hand ausgewählt, die schon reif sind. Diese Methode ist zwar sehr aufwendig, aber die Qualität des Kaffees ist deutlich besser.

## Verarbeitung

Nach spätestens fünf Stunden sollten die Kaffeekirschen verarbeitet werden. Zum einen können die Kirschen dafür in die Sonne gelegt und regelmäßig gewendet werden, damit diese trocknen. Die trockene Durchführung zählt zu den traditionellen Methoden. Meist kommt aber die nasse Durchführung zum Einsatz. Hierfür werden die grünen Kaffeekirschen entfernt, dann werden die Außenhaut und das Fruchtfleisch von der Bohne getrennt, die Pektinschicht mechanisch entfernt und dann wird die Bohne zur Reinigung über Nacht in einen Wassertank gelegt.

## Röstverfahren

Das Röstverfahren ist sehr wichtig, da die Kaffeebohne dadurch ihre braune Farbe und ihr Aroma erhält. Während des Röstverfahrens verändern sich Geruch, Größe und Gewicht der Bohne, da eine chemische Reaktion stattfindet. Die Rösttemperatur ist abhängig von der Kaffeeart bzw. Kaffeesorte. Insgesamt gibt es zwei Röstverfahren.

Das **Heißluftverfahren** (bis zu 600 °C): Rohkaffee wird in kurzer Zeit, in etwa 2 bis 5 Minuten, bei extrem heißer Luft geröstet. Somit lässt sich sehr viel Kaffee in kurzer Zeit verarbeiten. Allerdings kann es zu einer ungleichmäßigen Röstung kommen, falls die Bohnen im Inneren noch roh sind. Nach der Röstung werden die Kaffeebohnen an der Luft oder mit Wasser abgekühlt und verpackt.

Die **Trommelröstung** (schonende Röstung bis zu 200 °C): Diese Methode ist ein wenig schonender und langsamer. Hier wird der Kaffee bei 200 °C für etwa 15 bis 25 Minuten geröstet. Der Vorteil ist hier, dass sich die Aromen und Säuren besser entfalten können, da die Bohnen gleichmäßig geröstet werden. Vor allem werden auch magenunfreundliche Säuren abgebaut, sodass der Kaffee besser verträglich ist. Nach der Röstung werden die Bohnen auf ein Kühlsieb gelegt.

## Wie erkenne ich qualitativ guten Kaffee?

1. **Gemahlener Kaffee**: Wenn Sie genügend Zeit im Alltag haben, kaufen Sie immer ganze Bohnen und mahlen den Kaffee vor der Zubereitung selbst. Frisch gemahlener Kaffee hat ein deutlich besseres Aroma als vorgemahlener Kaffee.

2. **Transparenz**: Sehen Sie auf der Verpackung nach, wo genau der Kaffee hergestellt worden ist und wie er geröstet wurde. Qualitativ gute Kaffeesorten bieten Transparenz und schreiben auch über die Farmen, Regionen und Kooperationen. Falls nicht viel auf der Verpackung steht, könnte dies ein Indiz für minderwertigen Kaffee sein.

3. **Röstdatum**: Seien Sie sich bewusst, dass der Kaffee ein frisches Produkt ist. Die Röstung sollte noch nicht allzu lange her sein. Kaffee schmeckt etwa 2 Wochen nach der Röstung am besten und ab etwa einen Monat nach der Röstung verliert der Kaffee nach und nach seinen Geschmack.

4. **Richtige Lagerung**: Kaffee sollte niemals im Gefrierschrank gelagert werden, da Kälte den Geschmack beeinflussen kann. Am besten sollten Kaffeebohnen im Küchenschrank gelagert und vor Sonnenlicht geschützt werden. Kaufen Sie immer nur so viel Kaffee, dass Sie diesen in drei bis vier Wochen konsumieren können.

5. **Hochlandkaffee aus Arabica**: Oftmals gelten Arabica-Bohnen als hochwertiger, weil ihr Säure- und Koffeingehalt niedriger ist. Somit ist der Kaffee viel verträglicher und milder für den Magen. Von entscheidender Bedeutung ist jedoch, dass dies ein Hochlandkaffee ist. Je höher die Kaffeepflanze angebaut wird, desto langsamer reifen die Bohnen und desto besser wird das Aroma.

6. **Zerbrochene Bohnen**: Es ist nicht schlimm, wenn ein paar Bohnen zerbrochen sind, jedoch sollte dies nicht die ganze Packung betreffen. Oftmals wird maschinell gepflückter Kaffee, der kaputtgegangen ist, nach Europa gebracht. Vor allem, wenn Kaffee besonders günstig ist, könnte dies ein Zeichen für kaputte Bohnen sein. Wenn der Kaffee auch schon vorgemahlen ist, lässt sich auch nicht mehr genau erkennen, ob es sich um hochwertige Bohnen oder Abfallprodukte handelt. Bei günstigem Kaffee ist die Wahrscheinlichkeit schon sehr hoch, dass die Qualität nicht so gut ist.

7. **Schimmel**: Achten Sie auf die Bohnen. Sind diese sehr fleckig und haben eine harte Abgrenzung? Dann ist dies wahrscheinlich Schimmel und die Bohnen sollten entsorgt werden.

## Wie kann ich die Bohnen selbst rösten?

Welcher Kaffeeliebhaber träumt nicht davon, seinen eigenen Kaffee selbst zu rösten? Hier erklären wir Ihnen, wie Sie rohe Kaffeebohnen ganz einfach zuhause selbst rösten können. Der Vorteil ist: Hier haben Sie die Kontrolle über die Qualität des Kaffees. Das Einzige, was Sie benötigen, sind rohe Kaffeebohnen und einen Kaffeeröster. Eine eigene Kaffeeröstmaschine besitzt eine Zufuhr für Hitze, eine Zufuhr für den Luftstrom und sorgt dafür, dass sich die Bohnen während der Röstung bewegen, Wie genau jeder einzelne Kaffeeröster funktioniert, sollte in jeder Gebrauchsanweisung zu finden sein. Aber nicht jeder hat das Geld, sich einen eigenen Kaffeeröster zu kaufen oder möchte regelmäßig selbst Kaffee rösten. Hierfür gibt es auch andere und günstigere Möglichkeiten.

**In der Pfanne / im Wok rösten**: Hierfür benötigen Sie eine Pfanne / einen Wok, eine Schutzbrille, Schutzkleidung, ein Infrarotthermometer und eine Lüftung bzw. ein geöffnetes Fenster. Lüften Sie vorab schon den Raum, erhitzen Sie die Pfanne auf etwa 200 bis 220 Grad und überprüfen Sie dies mit dem Thermometer. Die frischen Bohnen in der Pfanne verteilen, stetig umrühren und von allen Seiten rösten. Nach etwa 5 bis 10 Minuten kommt es zum Aufplatzen der Kaffeebohnen. Röstmeister nennen dies auch „Crack“. Hier bitte unbedingt die Schutzbrille anziehen. Achten Sie genau darauf, dass die Bohnen nicht verbrennen und eine in etwa dunkelbraune Farbe aufweisen.

**Backofen**: Eine etwas einfachere Methode ist es, die Bohnen im Backofen zu rösten. Heizen Sie dafür den Backofen auf 200 °C Umluft vor und waschen Sie die grünen Bohnen gründlich ab, damit weniger Bohnenhäutchen vorhanden sind. Die Bohnen auf ein Blech mit Backpapier legen, in den Ofen schieben und alle paar Minuten wenden, damit die Bohnen gleichmäßig geröstet werden. Auch hier kommt es nach etwa 10 bis 20 Minuten zum Crack und die gewünschte Bräune und Röstung ist erreicht. Trocknen Sie die Bohnen in einem Behälter für etwa 24 Stunden, damit sich das Aroma entfalten kann.

**Popcornmaschine**: Kleinere Mengen Kaffee kann man auch gut in einer Popcornmaschine rösten. Geben Sie den rohen Kaffee in das Behältnis, in das normalerweise die Maiskörner kommen. Überwachen Sie, wie bei der Pfanne, die Temperatur mit einem Thermometer. In der Maschine werden die Bohnen umhergewirbelt und somit gleichmäßiger geröstet.

# WIRKUNG & INHALTSSTOFFE VON KAFFEE

Info: Wussten Sie, dass durchschnittlich jeder Mensch in Deutschland etwa 168 Liter Kaffee im Jahr 2020 getrunken hat? Kaffee gilt somit als Lieblingsgetränk der Deutschen. Der Chef des Deutschen Kaffeeverbands sagt, dass Deutschland weltweit der zweitgrößte Importeur von Kaffee sei.

Kaffee ist das Lieblingsgetränk von sehr vielen Menschen. Doch was genau sind die Inhaltsstoffe? Was befindet sich im Kaffee?

- **Koffein**: Dies ist wohl der bekannteste Inhaltsstoff. Koffein zählt zu den psychotropen Substanzen und gilt als ein anregendes Genussmittel, welches weltweit am häufigsten konsumiert wird. Eine Tasse Kaffee enthält in etwa 80 mg Koffein. In seiner Reinform ist Koffein ein weißes, bitteres Pulver.

- **Wasser**: Der Wassergehalt im rohen Kaffee liegt bei etwa 10 bis 13 Prozent. Durch die Röstung verliert der Kaffee jedoch viel Wasser und es bleiben nur noch 1 bis 2,5 Prozent übrig. Sobald Kaffee wieder an die Luft gerät und Feuchtigkeit aufnimmt, kann der Wassergehalt wieder steigen. Ein Gesetz besagt jedoch, dass Kaffee nie mehr als 5 Prozent Wasser enthalten darf.

- **Kohlenhydrate**: Die Kaffeebohnen bestehen zu 30 bis 40 Prozent aus Kohlenhydraten. Durch die Röstung werden sie fast komplett abgebaut oder umgewandelt. Wasserunlösliche Polysaccharide, aus denen Zellwände der Kaffeebohnen bestehen, bleiben als Kaffeesatz zurück.

- **Lipide**: Da die Fettstoffe im Kaffee meist wasserlöslich sind, sind diese im Filterkaffee nicht mehr zu finden. Der Espresso ist hier jedoch eine Ausnahme, da die „Crema“ aus Lipiden besteht.

- **Proteine**: Der Rohkaffee enthält etwa 11 Prozent Proteine. Durch das Rösten nimmt der Prozentanteil allerdings stark ab, da Proteine und Zucker sich verbinden und so das Aroma des Kaffees entsteht.

- **Mineralien**: Die Kaffeebohnen bestehen zu 4 Prozent aus Mineralien, die nach dem Aufbrühen zu 90 Prozent immer noch im Kaffee zu finden sind. Die Hauptbestandteile der Mineralien sind Kalzium, Magnesium, Kalium und Phosphor.

- **Säuren**: Etwa 80 verschiedene Säuren kann man in Kaffeebohnen finden und diese machen 4 bis 12 Prozent der Kaffeebohne aus. Die Säuren nehmen Einfluss auf die Aromastoffe und die wichtigsten Säuren im Kaffee sind Chlorogensäure, Zitronensäure, Essigsäure und Apfelsäure.

- **Aromastoffe**: Die Aromastoffe sind wohl das Wichtigste und man hat es bisher noch nicht geschafft, ein gutes künstliches Kaffee-Aroma herzustellen. Denn der echte Kaffee enthält etwa 800 Aromastoffe und über 100 davon kennen wir noch gar nicht bzw. sind noch nicht erforscht.

### Doch wie genau wirkt der Kaffee auf unseren Körper?

Eines vorab: Kaffee ist nicht so ungesund, wie viele immer glauben. Denn einige Studien haben gezeigt, dass ein moderater Kaffeekonsum (2 bis 4 Tassen am Tag) sogar Krankheiten vorbeugen und das Leben verlängern kann. Kaffee kann Leberkrebs, Gebärmutterkrebs und Diabetes vorbeugen. Jedoch scheint das Koffein für das sinkende Diabetesrisiko gar keine so große Rolle zu spielen, da auch koffeinfreier Kaffee das Risiko senkt.

Auch bewiesen ist, dass das Koffein im Kaffee wach macht, da das Koffein den körpereigenen Botenstoff Adenosin, der die Müdigkeit auslöst, verdrängt. Dadurch wird die Herzfrequenz beschleunigt, die Bronchien erweitern sich ganz leicht und die Konzentration kann gesteigert werden. Dieser Effekt tritt etwa nach 15 bis 30 Minuten auf und hält mehrere Stunden an. Dies ist von Mensch zu Mensch aber unterschiedlich. Doch wer zu viel Koffein zu sich nimmt, bekommt Schweißausbrüche, zittert und wird nervös. Wer regelmäßig Kaffee trinkt, gewöhnt sich irgendwann an den Effekt und braucht mehr Kaffee, um etwas spüren zu können. Beachten Sie auch, dass Rauchen und Medikamente einen Einfluss auf die Wirkung haben könnten. Bei Rauchern sinkt die Koffein-Konzentration schneller als bei Nichtrauchern. Wenn Sie an Schlafstörungen leiden, sollten Sie abends auf Kaffee verzichten, damit Sie nicht noch länger wach liegen. Wie Sie sehen, wirkt Kaffee bei jedem unterschiedlich und man sollte ihn als Genussmittel betrachten und ihn nicht als Suchtmittel missbrauchen, sondern genießen.

# 5 KAFFEE-MYTHEN

**1. Kaffee kann in stressigen Situationen helfen:**
Wer kennt es nicht, dass man während eines stressigen Arbeitstags öfter als sonst zur Kaffeemaschine läuft und sich durch den Kaffee eine Linderung des Stresses erhofft. Doch dies wird nicht funktionieren, da das Koffein die Nebenniere anregt, wo das Stresshormon Adrenalin produziert wird. Kurzfristig werden wir leistungsstärker und schaffen mehr als sonst. Aber gerade dadurch werden wir noch gestresster. Deshalb sollten wir Kaffee eher als Genussmittel in weniger stressigen Situationen konsumieren. Denn eine Studie hat gezeigt, dass das Stresslevel sinkt, wenn wir eine Tasse Kaffee in gemütlicher Runde trinken.

**2. Kaffee macht uns wach**
Das enthaltene Koffein in Kaffee kann zwar kurzfristig wach und leistungsfähiger machen, dies hält aber nicht lange an und unterdrückt das Gefühl der Müdigkeit nur sehr kurz. Nach etwa einer Stunde Arbeit am Schreibtisch kann Kaffee ins Gegenteil umschlagen und man wird müde, erschöpft und bekommt manchmal sogar Kopfschmerzen.

**3. Der Körper dehydriert durch zu viel Kaffee**
Der Mythos, dass der Körper durch Kaffee zu viel Flüssigkeit verliert, hält sich sehr hartnäckig. Kurzfristig kann Koffein harntreibend wirken, aber wer regelmäßig Kaffee trinkt, gewöhnt sich an den Effekt und die harntreibende Wirkung lässt nach.

**4. Kaffee schadet der Gesundheit**
Ja und Nein. Hier macht die Dosis das Gift. Bis zu 350 mg Koffein pro Tag (entspricht 3 großen Tassen) gelten als unbedenklich und sogar gesundheitsfördernd. Alles, was darüber hinausgeht, ist allerdings ungesund. Es kann zu Nervosität, Magen-Darm-Beschwerden, Kopfschmerzen, Zittern und Schwindelgefühlen kommen.

**5. Kaffee macht süchtig**
Auch diese Aussage lässt sich weder mit Ja noch mit Nein beantworten. Irgendwann stellt sich ein Gewöhnungseffekt ein und Sie brauchen immer mehr Kaffee, um wach zu werden. Diesem Umstand kann man jedoch vorbeugen, indem Sie kaffeefreie Tage in der Woche einplanen. Jedoch gibt es keine typischen Entzugserscheinungen wie bei Drogen.

# WELCHE BRÜHMETHODEN GIBT ES UND WIE FUNKTIONIEREN SIE?

## Handfilter & Filtermaschinen

Der feingemahlene Kaffee wird in einen Papierfilter gefüllt und mit kochendem Wasser übergossen. Die Temperatur hat großen Einfluss auf den Geschmack. Das kochende Wasser sorgt dafür, dass die Geschmacksstoffe in Ihre Tasse gefiltert werden. Papierfilter haben auch den Vorteil, dass diese viele Öle und Fette herausfiltern. Deshalb wird der Filter-Kaffee auch immer milder schmecken als der Kaffee bei anderen Brühmethoden.

Bei einer Filtermaschine füllen Sie immer frisches Wasser in das Gerät. Hier hat vor allem die Wasserhärte Einfluss auf den Geschmack. Wir empfehlen eine mittlere Wasserhärte. Verwenden Sie pro Tasse (150 ml) etwa 7 g Kaffeepulver. Dies können Sie aber ganz nach Belieben dosieren. Auch der Mahlgrad des Kaffees spielt eine wichtige Rolle. Durch den Mahlvorgang wird die Bohne aufgespalten und das Aroma wird freigesetzt. Wenn der Mahlgrad sehr klein ist, kann der Kaffee leicht wässrig schmecken, und wenn der Mahlgrad zu hoch ist, sehr bitter. Finden Sie hier den passenden Geschmack, den Sie bevorzugen.

## Frenchpress

Die Brühmethode mit dem Frenchpress ist eine sehr traditionelle Methode. Auch wenn der Name Frenchpress lautet, gehört einem Italiener das Patent. Alles, was Sie für diese Brühmethode brauchen, ist eine Frenchpress-Kanne. Diese Kanne besteht aus einem Metallsieb. Füllen Sie gemahlenes Kaffeepulver und kochendes Wasser in die Kanne, rühren Sie das Pulver mit einem Löffel ein und lassen Sie den Kaffee drei bis fünf Minuten ziehen. Drücken Sie den Deckel, an dem das Sieb befestigt ist, herunter. Das sorgt dafür, dass das Pulver nicht mit in die Tasse gelangt. Dieser Kaffee schmeckt etwas intensiver als Filter-Kaffee, da Fette und Öle mit in die Tasse gelangen. Damit der Frenchpress lange hält, sollte dieser nach dem Aufbrühen gründlich gereinigt werden.

## Espressokocher

Diese Brühmethode wird vor allem in südlichen Ländern Europas verwendet und wurde von einem Pariser Blechschmied erfunden. Besonders auffällig ist die achteckige Form der Kanne. Diese besteht aus Aluminium, Edelstahl oder aus einer Mischung aus Porzellan und Metall. Die Espressokanne besteht insgesamt aus drei Teilen: einem unteren Gefäß, dem Trichtereinsatz in der Mitte und einem oberen Teil, der den Kaffee auffängt. Um damit Kaffee zu kochen, muss im unteren Teil der Kanne Wasser erhitzt werden, welches nach ein paar Minuten nach oben steigt. Stellen Sie die Kanne dafür auf die Herdplatte. Das Kaffeepulver füllen Sie in den Trichtereinsatz in der Mitte der Kanne. Somit landet der fertige Kaffee in der oberen Kanne. Verwenden Sie immer die mittlere und keine starke Hitze und sobald es blubbert, ist der Kaffee fertig und sollte vom Herd genommen werden. Vergleichbar ist der Kaffee vom Geschmack her mit Espresso. Natürlich ist auch hier der Geschmack ein wenig milder als in einer Maschine, weil der Druck hier geringer ist. Die Methode ist relativ einfach und sieht zudem auch sehr interessant aus. Man unterscheidet zwischen einem manuellen und einem ELektrischen Espressokocher. Während man die manuelle Variante auf dem Herd zubereitet, verwendet man die ELektrische auf einem Sockel, welcher so ähnlich wie ein Wasserkocher funktioniert.

## Aufguss ohne Filter

Geben Sie den gemahlenen Kaffee direkt in eine Tasse oder Kanne und übergießen Sie diesen dreimal mit kochendem Wasser. Dies sorgt für ein gutes Aroma. Lassen Sie den Kaffee etwa drei bis fünf Minuten ziehen und gießen Sie den Kaffee durch ein Sieb, damit kein Kaffeesatz zurückbleibt. Da kein Filter benutzt wird, gelangt das Öl in die Tasse, weshalb der Kaffee stärker ist und man auch eine leichte Fettspur erkennen kann.

## Türkischer Mokka

Türkischer Mokka ist ein sehr starker Kaffee und zeichnet sich vor allem dadurch aus, dass dieser durch Zucker und Gewürze verfeinert wird. Der Kaffee wird in einer schlanken Kanne aus Kupfer oder Messing zubereitet. Verwenden Sie pro Tasse 2 TL feines, gemahlenes Kaffeepulver, 1 TL Zucker und Gewürze nach Wahl; zum Beispiel Kardamom, Nelken, Zimt oder Muskatnuss. Geben Sie Zucker, Gewürze und Kaffeepulver in die Kanne, dann mit kaltem Wasser aufgießen, auf dem Herd erhitzen und zwischendurch umrühren. Sobald sich Schaum bildet, die Kanne vom Herd nehmen. Ein zweites Mal aufkochen lassen, damit der Kaffee dickflüssiger wird. Kaffee in Tassen einschenken und zwei Minuten abwarten, bis der Kaffeesatz auf dem Tassenboden ist.

## Kaffeepadmaschine

Eine Kaffeepadmaschine gehört zu den Portionsmaschinen. Hier hat man keinen Einfluss auf den Geschmack, da der Kaffee in den Pads vorportioniert ist und man nichts einstellen kann. Pro Brühvorgang kann man nur eine bis zwei Tassen aufbrühen. Padmaschinen sind sehr günstig und einfach zu bedienen und man kann verschiedene Kaffeesorten vorbereiten. Allerdings ist der Preis pro Tasse deutlich teurer. Wer täglich Kaffee trinkt, sollte eher auf andere Brühmethoden zurückgreifen. Die Padmaschine eignet sich für einen gelegentlichen Kaffeegenuss. Füllen Sie Wasser in die Maschine, legen Sie ein Kaffeepad ein und drücken Sie den Startknopf. Dadurch erhitzt sich der Durchlauferhitzer und das heiße Wasser wird durch das Kaffeepad gepresst.

## Aeropress

Die Aeropress-Brühmethode ist noch relativ neu. Dieses Gerät besteht aus einem durchsichtigen Brühzylinder. Dieser hat Ähnlichkeiten mit einem Messbecher, da darauf auch Angaben zur Füllhöhe stehen. Im Gerät selbst gibt es einen Pressstempel und ein Filtersieb. Diese Brühmethode ist also eine Mischung aus Handfilter und Frenchpress. Sie benötigen eine Kaffeezubereitung mit einem mittleren Mahlgrad. Stellen Sie den Brühzylinder auf eine Tasse, geben Sie etwa 15 g Kaffeepulver hinein und gießen Sie es mit 80 Grad heißem Wasser auf. Alles gut umrühren und nach einer Minute den Presskolben langsam nach unten drücken. Wer den Kaffee stärker mag, kann ihn auch länger als eine Minute ziehen lassen. Schrauben Sie den Filterhalter ab und entsorgen Sie Kaffeesatz und Filter.

## Softbrew

Die Softbrew-Methode gibt es erst seit 2010 und lässt sich auch mit der Frenchpress-Methode vergleichen, sie ist nur noch einfacher. Das Einzige, was Sie benötigen, ist ein Softbrew-Edelstahlfilter, der so ähnlich wie eine Teekanne aussieht. Füllen Sie diese mit gemahlenem Kaffee auf, gießen Sie heißes Wasser darüber und lassen Sie es 4 bis 8 Minuten ziehen.

## Percolator

Um Kaffee in einem Percolator zuzubereiten, gießen Sie Wasser in die Kanne und befüllen den runden Metallfilter, welcher sich oben am Steigrohr befindet, mit Kaffee. Dann die Kanne auf dem Herd erhitzen. Falls dies ein ELektrischer Percolator ist, hat dieser im Inneren eine Art Heizung und kann selbst Wärme erzeugen. Die Hitze erzeugt Druck in der Kanne, sodass das Wasser durch das Steigrohr nach oben gepresst wird, das erhitzte Wasser tropft über einen Wasserverteiler auf das Kaffeepulver. Dieses läuft dann wieder nach unten und vermischt sich mit dem Wasser. Wenn Sie den Kaffee stärker mögen, lassen Sie den Perkolator länger zirkulieren.

## Chemex-Kaffeezubereitung

Die Chemex sieht einem Erlenmeyer-Kolben aus dem Chemielabor sehr ähnlich und hat die Form einer Sanduhr. Oben befindet sich eine Ausgussrinne und sie hat einen wärmeisolierten Holzgriff. Die Chemex gilt seit 1962 als eines der 100 schönsten Designerstücke der Neuzeit.

Um 800 ml Filterkaffee zu erhalten, erhitzen Sie 1 Liter Wasser, den Papierfilter einlegen und diesen mit heißem Wasser durchspülen, damit man den Papiergeschmack reduzieren kann. Wiegen Sie 50 g Bohnen ab und mahlen Sie diese. Heißes Wasser aus der Chemex füllen und das frisch gemahlene Kaffeepulver in den Filter füllen. Gießen Sie etwa doppelt so viel Wasser hinein, wie Sie Pulver verwendet haben. Bei 50 g Pulver wären es 100 ml Wasser. Diesen Vorgang nennt man auch Blooming (Vorbrühen), damit der Kaffee am Ende ein besseres Aroma erhält. Nach und nach das Wasser aufgießen, bis 800 ml erreicht sind. Das Filterpapier entfernen und den Kaffee in Tassen gießen.

## Vietnamesische Kaffeezubereitung

Für die Brühmethode benötigt man einen vietnamesischen Tropfer, der auch Phin genannt wird und einen Ein-Tassen-Handfilter darstellt. Sie ist besonders für Single-Haushalte geeignet. Geben Sie 2 TL gesüßte Kondensmilch in eine Tasse und drei Teelöffel Kaffeepulver in den vietnamesischen Filter, Sieb in den Kaffeefilter setzen und mit heißem Wasser aufgießen. Setzen Sie den Deckel auf den Filter und warten Sie ab, bis das komplette Wasser durchgelaufen ist. Kaffee mit Kondensmilch verrühren und genießen.

# DIE SIEBTRÄGER-MASCHINE

## Was genau ist das?

Die Siebträger-Maschine ist eine Espressomaschine und arbeitet halbautomatisch mit einem abnehmbaren Siebträger. Das Kaffeepulver sollte vorab in einer separaten Mühle gemahlen werden. Dieses wird in den Siebträger gefüllt und mit dem sogenannten Tamper festgedrückt, damit es nicht umherwirbelt. Der Siebträger wird an der Maschine befestigt, Wasser wird in die Maschine gefüllt und auf 90 °C erhitzt. Das Wasser wird mit einem Druck von etwa 9 bar durch den Siebträger gepresst. Der Druck entsteht durch eine ELektrische Pumpe oder einen Hebel. Nach diesem Vorgang muss man einfach nur noch einen Knopf drücken und der Kaffee kann in die Tasse fließen.

## Reinigung

- Um Kalkrückstände zu entfernen, kann man Entkalkflüssigkeit mit Wasser durch die Maschine laufen lassen. Der Siebträger sollte leer sein und nirgendwo darf mehr Kaffeepulver enthalten sein.
- Nach jeder Zubereitung sollte der Siebträger sauber gemacht werden, sodass keine Kaffeerückstände mehr da sind. Dafür klopft man den Siebträger über einem Tuch aus.
- Regelmäßig die Siebe durchspülen und mit einer Bürste Espressoreste entfernen.
- „Flushen“ Sie das Duschsieb (Wasser ohne Siebträger kurz laufen lassen).
- Abtropfschale immer reinigen und trocknen, damit nichts rostet.
- Reinigen Sie die Dampflanze immer sofort und drücken Sie alle Milchrückstände heraus. Dafür das Gewinde einweichen lassen und, falls nötig, einen speziellen Milchreiniger verwenden.
- Das komplette Gerät mit einem feuchten Tuch abwischen und danach mit einem sauberen Handtuch abtrocknen.

### Schritt-für-Schritt-Anleitung

Was benötigen Sie?

- Eine Siebträgermaschine (mit ausreichend Druck von mindestens 9 bar)
- frisches Wasser mit mittlerer Härte
- Frisch gemahlenes Kaffeepulver

#### Step by Step

1. **Siebträger-Maschine einschalten**: Die Maschine muss vor dem Gebrauch erst einmal erhitzen. Je nach Modell kann das 5 bis 20 Minuten in Anspruch nehmen. Durch die Hitze kann nämlich das Wasser mit einer hohen Temperatur durch den Siebträger gedrückt werden. Während des Erhitzens sollte der Siebträger eingespannt werden. Falls Ihre Siebträger-Maschine eine Tassenwärmer-Funktion hat, wärmen Sie auch die Tasse auf.

2. **Kaffeebohnen mahlen**: Für einen originalen Espresso sollten die Bohnen vorher frisch gemahlen werden. Die Mengenangaben sind für einen Single-Shot 10,8 bis 11,5 g und für einen Double-Shot 18,5 bis 21 g. Der Mahlgrad sollte sehr fein sein.

3. **Kaffee festdrücken** (= Tampen): Dies ist der wichtigste Schritt. Hier müssen Sie das Pulver im Siebträger festdrücken. Achten Sie darauf, dass der Siebträger sauber ist, damit keine alten Kaffee-Öle das Aroma zerstören. Nehmen Sie das Sieb aus der vorgeheizten Maschine, füllen Sie Kaffeepulver hinein und drücken Sie den Kaffee mit dem Tamper fest. Nutzen Sie dafür Ihr Körpergewicht und lehnen Sie sich beim Tampen auf den Siebträger.

4. **Spülen** (= Flushen): Bei diesem Schritt müssen Sie das Wasser aus der Brühgruppe ablassen, damit kein alter Kaffee in die Tasse fließt. Spannen Sie den Siebträger ein und stellen Sie die Tasse darunter.

5. **Perfekte Extraktion**: Für einen Espresso dauert die Extraktion etwa 27 Sekunden. Diese Extraktionsdauer zeigt Ihnen, ob der Mehlgrad und die Menge beim Tampen fest genug waren. Drücken Sie den Knopf, der den Zubereiter startet, und zählen Sie die Sekunden. Der Kaffee sollte cremig und gleichmäßig in die Tasse fließen.

Tipp: Falls Sie eine 2-Kreis-Siebträger-Maschine besitzen, sollten Sie dafür sorgen, dass das überhitzte Wasser abgelassen wird, damit der Kaffee bei der Zubereitung nicht verbrannt wird.

## Was müssen Sie beim Kauf beachten?

Bei dem Kauf einer Siebträger-Maschine, die auch nicht immer so günstig ist, gibt es einiges zu beachten, damit Sie an eine hochwertige Maschine gelangen.

*Leistung des Geräts:* Die Maschine sollte 9 bar Druck erreichen, damit man einen guten Espresso herstellen kann. Bei weniger Druck leidet die Qualität des Kaffees.

*Material:* Ein Gerät, welches hochwertig ist, ist aus Edelstahl gemacht. Auch der Boiler und der Kessel sollten aus Edelstahl sein, damit sich das Gerät besser reinigen lässt.

*Guter Milchschaum:* Um einen perfekten Milchschaum herzustellen, benötigt man eine Dampfwalze oder Pannarellos als Einsatz in der Maschine. Jedoch bekommen die Dampfwalzen besseren Milchschaum hin.

*Sinnvolle Funktionen*: Tassenvorerwärmung, Abschaltautomatik oder Heißwasser für Tee und andere Getränke sind bestimmte Nebenfunktionen, auf die Sie je nach Ihrem Bedürfnis achten sollten.

# Rezepte

# Café latte

Übersetzt bedeutet Café latte „Kaffee und Milch“ und er wird meist in einem hohen Glas serviert. Der Café latte stammt aus Italien und ist ein klassisches Frühstücksgetränk. Heutzutage ist der Latte weltweit bekannt und dem Cappuccino sehr ähnlich, enthält aber mehr Milch als ein Cappuccino.

Die Basis des Café latte ist Espresso. Wenn Sie Ihren Latte stärker mögen, können Sie auch einen doppelten Espresso verwenden. Da der Milchanteil sehr hoch ist, bekommt das Getränk einen milderen Geschmack. Am besten bereitet man den Café latte mit einer Espressomaschine mit Siebträger vor, da die Qualität damit einfach höher ist als mit einem Kaffeevollautomaten oder einer Kapselmaschine. Mit der Dampfwalze der Espressomaschine bekommt man auch einen besonders cremigen Milchschaum hin. Die Ziehphase bei der Aufschäumtechnik ist etwas kürzer als bei einem Cappuccino. Achten Sie darauf, dass die Milch nicht über 65 °C erhitzt wird, und beenden Sie den Aufschäumvorgang rechtzeitig. Der klassische Café latte besteht meist aus drei Schichten: Milch, Espresso und Milchschaum.

# EINFACHES GRUNDREZEPT

250 ml 10 Min. Leicht

**Zutaten**

210 ml Milch
30 ml Espresso

**Nährwerte p. P.**

*136 kcal*
*5 g Kohlenhydrate*
*7 g Fett:*
*7 g Eiweiß*

1 Wärmen Sie das Café-Latte-Glas vor, z. B. auf der Maschine oder mithilfe von heißem Wasser.

2 Brühen Sie den Espresso in das vorgewärmte Glas auf.

3 Milch aufschäumen und in das Glas füllen. Halten Sie das Milchkännchen relativ dicht über das Glas und bewegen Sie es beim Einschenken hin und her.

4 Sofort servieren und genießen.

**Tipp:** Bei einem Café latte ist es wichtig, dass oben auf dem Glas eine dünne Schaumschicht zu sehen ist.

# LATTE MIT DOPPELTEM ESPRESSO

250 ml

10 Min.

Mittel

**Zutaten**

10 g fein gemahlene Espressobohnen (90 % Arabica & 10 % Robusta)
60 ml Wasser (für einen doppelten Espresso)
210 ml kalte Milch
1-2 Zuckerwürfel

**Nährwerte p. P.**

*183 kcal*
*19 g Kohlenhydrate*
*9 g Fett*
*7 g Eiweiß*

1 Schäumen Sie die Milch mit der Dampflanzette in einem Metallkännchen auf. Die Milch sollte eine Temperatur zwischen 60 und 65 °C erreichen.

2 Erwärmen Sie die Tasse oder das Glas mit heißem Wasser oder nutzen Sie die Tassenwärm-Funktion der Maschine.

3 Gießen Sie die Milch in das vorgewärmte Glas und geben Sie den Zucker direkt dazu, damit später der Milchschaum nicht zerstört wird.

4 Kochen Sie den Espresso und fangen Sie ihn einem Kännchen auf. Das Glas unter den Ausguss der Maschine stellen und den Espresso hineingießen.

5 Milchschaum aufsetzen und den Café latte genießen.

# CHILI-LATTE

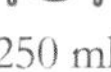

250 ml | 10 Min. | Leicht

**Zutaten**

25 ml Espresso
210 ml Milch
2 Prisen Chilipulver
1 Prise Kardamom
½ TL Kakaopulver

**Nährwerte p. P.**

*90 kcal*
*6 g Kohlenhydrate*
*5 g Fett*
*4 g Eiweiß*

1 Vermengen Sie den Espresso mit dem Kardamom und dem Chilipulver.

2 Milch aufschäumen, in ein hohes Glas füllen und den Gewürz-Espresso langsam dazugießen.

3 Streuen Sie über den Milchschaum Kakaopulver. Wer es noch schärfer mag, kann auch noch mehr Chilipulver darüberstreuen.

# CROATIA-STYLE-LATTE

350 ml

10 Min.

Leicht

**Zutaten**

50 ml Espresso
300 ml Milch
1 TL Vanillezucker
1 Prise Zimt
1 Prise Kakaopulver

**Nährwerte p. P.**

*131 kcal*
*13 g Kohlenhydrate*
*6 g Fett*
*5 g Eiweiß*

1 Milch erhitzen, aufschäumen und den Espresso zubereiten.

2 Gießen Sie einen Teil der Milch in ein hohes Glas, gießen Sie ganz vorsichtig und langsam den Espresso dazu und dann die restliche Milch. Somit entstehen drei Schichten. Dies sieht besonders in einem Glas sehr schön aus.

3 Den Croatia-Style-Latte mit Vanillezucker, Zimt und Kakaopulver verfeinern.

# VEGANER LATTE

250 ml 10 Min. Leicht

**Zutaten**

200 ml Hafermilch (Barista)
25 ml heißer Espresso

**Nährwerte p. P.**

*39 kcal*
*6 g Kohlenhydrate*
*6 g Fett*
*0 g Eiweiß*

1 Erwärmen Sie die Hafermilch auf 50 bis 60 °C und schäumen Sie diese mit dem Milchaufschäumer der Kaffeemaschine oder mit einem Milchaufschäumer auf. Den Schaum etwa 2 Minuten stehen lassen, damit er fest werden kann.

2 Währenddessen den Espresso zubereiten und kochen. Er muss auf jeden Fall heiß sein, damit sich dieser gut in der Mitte des Glases absetzen kann.

3 Zuerst die Milch in ein hohes Glas schütten und dabei darauf achten, dass der Milchschaum mithilfe eines Löffels zurückgehalten wird, sodass dieser oben auf dem Glas bleibt.

4 Gießen Sie den Espresso langsam und vorsichtig mit ins Glas.

# LATTE-KUNST – MOTIVE AUF DEM MILCHSCHAUM

**Step by Step**

*Herzmotiv*

1. Die Milch aus einer Kanne mit schmalem Schnabel aus 5 cm Höhe in die Mitte der Tasse gießen, bis diese zur Hälfte gefüllt ist.
2. Senken Sie die Kanne etwas ab und gießen Sie die Milch schnell nach. Die Milch sollte nach oben aufsteigen und es sollte sich ein kreisförmiger Milchschaum auf der Crema bilden.
3. Die Kanne hochziehen und mit diesem letzten Milchstrahl eine Linie durch den Kreis ziehen, damit ein Herz entsteht.

*Blattmotiv*

1. Der Milchschaum sollte hierfür noch feinporiger sein als für das Herzmotiv. Milch mit 5 cm Abstand in die Tasse zum Kaffee gießen, bis die Tasse bis oben gefüllt ist.
2. Sobald sich ein Milchschaumklecks bildet, die Milchkanne senken und im Zickzack hin und her schwenken und die Kanne immer weiter nach unten ziehen.
3. Den Milchstrahl durch das Muster noch einmal nach oben ziehen, wenn die Zickzack-Linien am Tassenrand ankommen. Jetzt sollte ein Blatt zu erkennen sein.

**Info:** Das A und O für Motive auf dem Latte ist die richtige Konsistenz des Milchschaums. Dieser sollte nicht zu fest oder zu voluminös sein. Der perfekte Milchschaum hierfür ist sehr leicht, sämiger und feinporiger. Schäumen Sie die Milch so lange auf, bis diese sämig wird. Dann sollte es sehr schnell gehen, denn nach etwa 30 Sekunden verliert der Schaum seine ideale Konsistenz. Gießen Sie die Milch direkt in den zubereiteten Espresso und halten Sie zur Tasse etwa 5 cm Abstand, um so wenig Milchschaum an der Oberfläche zu hinterlassen.

# Barista-Kaffee

Definition: Das Wort Barista stammt aus dem Italienischen und heißt übersetzt Barkeeper. Im englischen und deutschsprachigen Raum bezeichnet man Menschen damit, die sich mit der Zubereitung von Kaffeespezialitäten besonders gut auskennen.

Es gibt sogar eine Ausbildung, die man absolvieren muss, um ein Barista zu werden. Bei der SCAE (Speciality Coffee Association of Europe) kann man seine Ausbildung absolvieren und das Coffee Diploma System (CDS) erhalten. Die Ausbildung dauert in etwa 2 Jahre und man ist weltweit als Kaffeespezialist zertifiziert. Man muss sowohl theoretische als auch praktische Prüfungen bestehen.

Neben leckeren Kaffeerezepten ist das Zelebrieren des Kaffeegenusses sehr wichtig. Kaffeeliebhaber wie auch Barista-Profis legen großen Wert auf schönes Zubehör, wie Zuckerdosierer, Tabletts, Milchkannen, dekorative Tassen etc. Hier erhalten Sie eine kleine Auswahl an Barista-Kaffeespezialitäten.

# ROSE-COFFEE

1 Port. | 4 Min. | Mittel

**Zutaten**

200 g Arabica-Kaffeebohnen
20 ml fettarme Milch
25 ml Schokoladensauce
1 Schuss Rosensirup
20 ml Sprühsahne
½ TL Himalayasalz
Essbare Rosenblüten

**Nährwerte p. P.**

*330 kcal*
*53 g Kohlenhydrate*
*10 g Fett*
*5 g Eiweiß*

1 Gießen Sie die Schokoladensauce und den Rosensirup in ein Glas.

2 Kaffeebohnen mahlen, in die Kaffeemaschine füllen und das Wasser zum Kochen bringen. Stellen Sie das Glas unter den Auslauf und schäumen Sie die Milch auf.

3 Kaffee und Milch im Glas vermengen, den Barista-Kaffee mit Sprühsahne toppen und mit essbaren Rosenblüten und Himalayasalz garnieren.

# LAVENDEL-LIMETTEN-LATTE

1 Port.

10 Min.

Leicht

**Zutaten**

1 Espressotasse Arabica-Kaffee (er sollte eine süße und fruchtige Note haben)
200 ml fettarme Milch
10 ml Lavendelsirup (35 ml Wasser, 2 EL Zucker, 1 EL Lavendel)
Limettenschalen

**Nährwerte p. P.**

*85 kcal*
*9 g Kohlenhydrate*
*4 g Fett*
*3 g Eiweiß*

1 Erwärmen Sie ein Latte-Macchiato-Glas und bereiten Sie den Espresso in der Maschine vor.

2 Alle Zutaten für den Lavendelsirup in einem Topf bei mittlerer Hitze erwärmen, bis sich der Zucker aufgelöst hat. Den Sirup in das Glas mit dem Espresso geben.

3 Die Milch aufschäumen und das Glas bis oben hin mit Milchschaum füllen.

4 Reiben Sie Limettenschalen über den Milchschaum, damit der Kaffee einen sauren Kontrast zum blumigen Geschmack bekommt.

# SÜSSER BLUMEN-HAFER-KAFFEE

1 Port. 10 Min. Mittel

**Zutaten**

150 ml Hafermilch
1 Espressobecher (ca. 30 ml)
1 TL Honig
1 TL roter Osmanthus (Duftblüten)
1 EL roter Bohnensirup
1 EL Gojibeeren
Essbare Blüten und Osmanthus (zum Garnieren)

**Nährwerte p. P.**

*93 kcal*
*19 g Kohlenhydrate*
*1 g Fett*
*1 g Eiweiß*

1 Geben Sie den roten Osmanthus, die Gojibeeren und den Honig in ein hohes Glas.

2 Die Hafermilch in einem Milchkännchen erhitzen und den roten Bohnensirup mit der Milch vermengen. Gießen Sie die heiße Hafermilch in das Glas.

3 Den Espresso in einer Maschine vorbereiten und ganz langsam mit in das Glas gießen.

4 Toppen Sie den Kaffee mit Osmanthus und essbaren Blüten.

# LUNGO BARISTA

1 Port. 2 Min. Leicht

**Zutaten**

120 ml Kaffee (z. B. Arabica)
100 ml Wasser

**Nährwerte p. P.**

*2 kcal*
*0 g Kohlenhydrate*
*0 g Fett*
*0 g Eiweiß*

1 Die Lungotasse unter den Kaffeeauslauf der Maschine stellen.

2 Kaffee und heißes Wasser zubereiten und in der Tasse vermengen.

3 Nach Bedarf den Kaffee mit Zucker süßen.

**Tipp:** Verwenden Sie eine spezielle Lungotasse!

# Café Frappé

Das Wort Frappé leitet sich aus dem französischen Wort „frappé“ ab und bedeutet übersetzt „schütteln“. Der Café Frappé heißt also geschüttelter Kaffee. Der Frappé wurde von Dimitrios Vakondios erfunden, der ein Mitarbeiter der Firma Nestlé in Thessaloniki war. Diese Erfindung war zufällig und fand auf einer Messe im Jahr 1957 statt. Er hatte kein heißes Wasser parat, mit dem er den löslichen Kaffee zubereiten konnte. Daher füllte er Zucker und Wasser in einen Shaker, um den Kaffee darin kalt herzustellen. Um heute einen Frappé herzustellen, benötigen Sie einen Löffel löslichen Kaffee, den Sie in ein hohes Glas füllen. Nach Belieben mit Zucker süßen und das Glas mit kaltem Wasser auffüllen. Verrühren Sie alles gründlich, bis es schaumig wird, und toppen Sie das Ganze mit Eiswürfeln und Milch Ihrer Wahl. Der Frappé wird mit einem Strohhalm serviert. Doch was genau unterscheidet den Frappé von einem Eiskaffee? Während der Frappé mit Eiswürfeln zubereitet wird, ist im Eiskaffee meist Vanilleeis enthalten. Es gibt jedoch auch Mischformen, wo dem Frappé noch eine Kugel Eis hinzugefügt wird. In Griechenland nennt man diese Variante Frappé me Paroto. Dann gibt es noch den Frappé me Gala, dem nach dem Aufschäumen noch Kondensmilch beigemischt wird.

**Info:** Der Café Frappé ist ein typisches griechisches Nationalgetränk, welches ideal für heiße Sommer- und Urlaubstage ist.

# KLASSISCHER FRAPPÉ

1 Port.

5 Min.

Leicht

**Zutaten**

125 ml Wasser
1 TL Instant-Kaffeepulver
1 TL Zucker
100 ml Milch
4 Eiswürfel

**Nährwerte p. P.**

*100 kcal*
*18 g Kohlenhydrate*
*4 g Fett*
*7 g Eiweiß*

1 Alle Zutaten (außer die Eiswürfel) in ein hohes Glas geben und alles mit einem Milchaufschäumer schaumig schlagen.

2 Die Eiswürfel dazugeben und das gekühlte Getränk genießen.

**Tipp:** Wenn Sie keinen Milchaufschäumer haben, können Sie auch einen Cocktail-Shaker benutzen.

**Info:** Beim klassischen griechischen Frappé unterscheidet man zwischen drei Süßungsarten:

Café frappé skétos: Dieser Kaffee wird komplett ohne Zucker zubereitet.

Café frappé métrios: Er wird auch als mittlerer Kaffee bezeichnet und beinhaltet zwei Teelöffel Zucker.

Café frappé glykós: Dies ist ein süßer Frappé und beinhaltet vier Teelöffel Zucker.

(FRAPPE MIT MILCH)

# FRAPPE ME GALA

1 Port.

5 Min.

Leicht

**Zutaten**

125 ml Wasser
100 ml Kondensmilch
1 TL Instant-Kaffeepulver
1 TL Zucker
Eiswürfel

**Nährwerte p. P.**

*97 kcal*
*18 g Kohlenhydrate*
*1 g Fett*
*4 g Eiweiß*

1 Geben Sie alle Zutaten (außer die Eiswürfel) in ein hohes Glas und schäumen Sie alles mit einem Milchaufschäumer auf.

2 Eiswürfel dazugegeben und genießen.

**Info:** Dieser Frappé unterscheidet sich nur in einer Sache vom klassischen Frappé: statt normaler Milch wird Kondensmilch verwendet.

# FRAPPE PAGOTO – FRAPPE MIT VANILLEEIS

1 Port.

5 Min.

Leicht

**Zutaten**

1 TL löslicher Kaffee
1-2 TL Zucker
100 ml Wasser + 2 EL
100 ml Milch
1 Kugel Vanilleeis

**Nährwerte p. P.**

*96 kcal*
*11 g Kohlenhydrate*
*4 g Fett*
*2 g Eiweiß*

1 Kaffeepulver, Zucker und 2 EL Wasser in ein hohes Glas geben, mit einem Milchaufschäumer den Kaffee aufschäumen.

2 Geben Sie das Vanilleeis dazu und gießen das Glas mit Wasser und Milch auf.

# Americano

Der Americano ist ein amerikanischer Kaffee und wurde im Zweiten Weltkrieg erfunden. Er stellt einen mit Wasser gestreckten Espresso dar. Einigen US-Soldaten war der Espresso viel zu stark und die Menge zu wenig, weshalb sie mehr Wasser verwendeten. Diese Kaffee-Variante ist also nicht mit dem Kaffee in Amerika zu verwechseln, der dort angeboten wird, sondern hat seine Wurzeln in Italien.

Um einen Americano herzustellen, benötigen Sie etwa 40 bis 50 ml Espresso, der in einer großen Tasse (z. B. Cappuccino-Tasse) serviert wird. Traditionell wird einem Gast dazu ein kleines Kännchen mit Wasser serviert, damit man den Espresso nach Belieben strecken kann.

# ORIGINAL AMERICANO

 1 Port.
 5 Min.
 Leicht

**Zutaten**

1 Double-Shot-Espresso (18,5-21 g)
Frisches Wasser (mittlerer Härte)

**Nährwerte p. P.**

*1 kcal*
*0 g Kohlenhydrate*
*0 g Fett*
*0 g Eiweiß*

1 Den Espresso in einer Siebträger-Maschine vorbereiten und eine Cappuccino-Tasse vorwärmen.

2 Das Wasser in einem Wasserkocher kochen und auf 90 °C abkühlen lassen. Den Espresso in die Cappuccino-Tasse gießen und das heiße Wasser in ein Kännchen füllen und servieren.

3 Alternativ können Sie das Wasser auch sehr vorsichtig selbst zum Espresso gießen. So entsteht eine hervorragende Crema.

**Tipp:** Das Mischverhältnis von Espresso und Wasser liegt bei 1:1, d. h., Sie benötigen etwa 50 bis 60 ml heißes Wasser. Oft wird aber mehr Wasser dazugegeben, sodass das Verhältnis bei 1:3 liegt und man etwa 150 bis 180 ml Wasser benötigt.

# WÜRZIGER AMERICANO

1 Port.

15 Min.

Mittel

**Zutaten**

30 ml Wasser
50 g Zucker
60 ml aufgebrühter Espresso
60 ml kochendes Wasser
60 ml Schlagsahne
1 EL Puderzucker
¼ TL Zimt
¼ TL Piment

**Nährwerte p. P.**

*224 kcal*
*31 g Kohlenhydrate*
*10 g Fett*
*1 g Eiweiß*

1 Wasser und Zucker in einem Topf bei mittlerer Hitze aufkochen lassen, bis ein Sirup entsteht. Diesen mit Zimt und Piment würzen.

2 Gießen Sie Espresso und kochendes Wasser in eine Tasse und geben Sie 1 bis 2 EL vom Sirup dazu.

3 Die Sahne mit einem Handrührgerät aufschlagen, Puderzucker untermengen und 1 bis 2 Minuten weiter aufschlagen.

4 Sahne auf den Kaffee geben und je nach Geschmack noch mit Zimt bestreuen.

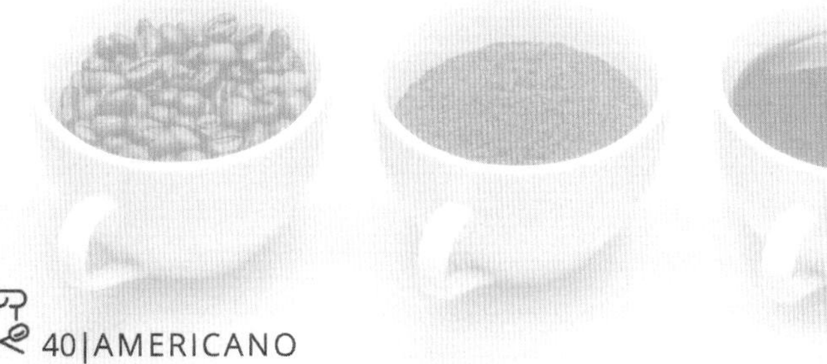

# Espresso

Der Begriff Espresso stammt vom italienischen Wort „espressivo“ ab und bedeutet in etwa „ein für den Gast frisch zubereitetes Getränk“.

Ein ganz klassisch zubereiteter Espresso hat eine Temperatur von 92 °C und wird bei einem Druck von 9 bar für 25 Sekunden mit 7 g Kaffeemehl durch eine Maschine gepresst. Daraus entstehen etwa 25 ml Espresso. Bei dieser Methode werden bestimmte Stoffe herausgelöst, was bei anderen Methoden nicht möglich wäre. Dadurch wird dem Espresso ein intensiver Geschmack verliehen. Man spricht auch von den „Magischen M“ bei der Espressozubereitung: la miscela (die Mischung), la macinacaffe (die Mühle) und la mano (die Hand bzw. der Mensch).

**Die Mischung/Röstung**

Für die Röstung werden zwar die gleichen Bohnen verwendet wie für alle anderen Kaffee-Varianten auch, aber die Bohnen für den Espresso werden länger geröstet und sehen somit dunkler aus. Dadurch hat die Bohne Koffein und Säure verloren.

**Die Mühle / Die Maschine**

Die Espressomühle ist für die Qualität des Espressos von großer Bedeutung und sollte die Bohnen sehr fein mahlen und einen homogenen Mahlgrad erreichen. Eine gute Maschine sorgt für die richtige Temperatur und für den richtigen Druck. Besonders geeignet dafür sind die Dualboiler-Espressomaschinen, da sie über zwei getrennte Boiler für Dampferzeugung und Kaffee verfügen.

# KLASSISCHER ESPRESSO

30 ml

5 Min.

Leicht

**Zutaten**

7 g feiner Espressokaffee
30 ml heißes Wasser (90 °C)
1-2 TL Zucker (optional)

**Nährwerte p. P.**

*7 kcal*
*0 g Kohlenhydrate*
*0 g Fett*
*0 g Eiweiß*

1 Bereiten Sie den Espresso bei 10 bar Druck und 25 Sekunden Extraktionszeit in der Maschine zu.

2 Nach Belieben mit Zucker süßen und sofort genießen.

**Info:** Warum Zucker im Espresso so gut ist: Wenn der Kaffee sehr säurehaltig ist, ist viel Zucker wichtig, um den Magen zu schützen. Vor allem, da der Espresso durch die Röstung einen sauren Extrakt bekommt, wird er auch gerne mit Zucker gesüßt. Wenn Sie jedoch den vollen Geschmack des Espressos genießen wollen, sollten Sie ihn ohne Zucker trinken.

# COLD ESPRESSO

1 Port. 5 Min. Leicht

**Zutaten**

40 ml Espresso
60 ml Kondensmilch
(oder andere Milchsorte)
Eiswürfel

**Nährwerte p. P.**

*80 kcal*
*6 g Kohlenhydrate*
*5 g Fett*
*4 g Eiweiß*

1 Espresso in einer Maschine zubereiten und diesen 30 Minuten kalt stellen.

2 Eiswürfel in ein hohes Glas füllen und mit Espresso und Milch aufgießen.

# ESPRESSO SORBETTO

1 Port.

12 Std.
5 Min.

Leicht

**Zutaten**

25 g feiner Kaffee
90 ml Wasser
200 ml kalte Milch
1-2 TL Zucker

**Nährwerte p. P.**

*104 kcal*
*12 g Kohlenhydrate*
*4 g Fett*
*4 g Eiweiß*

1 Einen Tag vorher den Espresso zubereiten, abkühlen lassen, in Eiswürfelformen gießen und ins Gefrierfach stellen.

2 Geben Sie am nächsten Tag kalte Milch, Espresso-Eiswürfel und Zucker in einen Standmixer und vermixen Sie alles gründlich.

3 In ein hohes Glas füllen und sofort genießen.

**Info:** Kaltes Milchgetränk aus gefrorenem Espresso.

# Mocha / Mokka

Der Mokka bzw. der türkische Mokka stellt die älteste Zubereitungsart von Kaffee dar. Den Mokka gibt es seit dem 16. Jahrhundert und er zeichnet sich dadurch aus, dass der Kaffeesatz mit in die Tasse gegossen wird. Sein Name stammt von einer jemenitischen Kaffeesorte ab, die nach der Hafenstadt al-Mucha benannt wurde.

In Österreich ist der Mokka ein schwarzer Kaffee ohne Milch und Zucker. Traditionell wird der Mokka jedoch in einer Kupfer- oder auch Messingkanne zubereitet und beinhaltet pro Tasse zwei Teelöffel Kaffeepulver und 1 bis 1,5 Teelöffel Zucker. Geben Sie beides in die Kanne und gießen Sie es mit Wasser auf. Während der Kaffee erhitzt, sollten Sie stetig umrühren. Wenn es schäumt, die Kanne kurz vom Herd nehmen und den Kaffee ein zweites Mal aufkochen. Das Kaffeepulver sollte sich am Boden abgesetzt haben.

# PERFEKTER MOKKA

1 Port. 20 Min. Leicht

**Zutaten**

50 ml Wasser
1-2 TL Zucker
1 gehäufter TL Kaffeepulver
Fein gemahlene Gewürze nach Wahl (Nelken, Zimt ...)

**Nährwerte p. P.**

*26 kcal*
*6 g Kohlenhydrate*
*0 g Fett*
*0 g Eiweiß*

1 Bereiten Sie den Mokka in einem Ibrik oder Cezve (türkische Mokkakännchen) vor. Wasser in die Kanne füllen und den Zucker und die Gewürze dazugeben.

2 Die Kanne auf einer Herdplatte bei geringer Hitze zum Kochen bringen und hin und wieder umrühren.

3 Nehmen Sie die Kanne vom Herd und geben Sie dann erst das Kaffeepulver dazu. Den Mokka aufkochen lassen, bis er aufschäumt, vom Herd nehmen und nochmals aufkochen lassen.

4 Den Schaum abschöpfen und den Mokka in eine Tasse gießen.

**Tipp:** Je öfter Sie den Mokka aufschäumen lassen, desto dickflüssiger wird der Kaffee und umso intensiver der Geschmack.

# GEWÜRZKAFFEE

4 Port. 20 Min. Leicht

**Zutaten**

2 EL Mokka-Kaffeepulver
300 ml Wasser
2 EL Zucker
2 Gewürznelken
3 Kardamomkapseln
2 Pfefferkörner
1 Msp. Muskatblüte
4 Zimtstangen

**Nährwerte p. P.**

*41 kcal*
*10 g Kohlenhydrate*
*0 g Fett*
*0 g Eiweiß*

1 Kardamomkapseln aufbrechen, Samen herausholen, mit den anderen Gewürzen in einem Topf bei mittlerer Hitze rösten und mit einem Mörser fein zerstoßen.

2 Kaffeepulver, Zucker, Gewürze und Wasser in ein Mokkakännchen geben, auf dem Herd erhitzen, bis Schaum entsteht, und nochmals aufkochen lassen.

3 Den Schaum abschöpfen und auf 4 Mokkatassen verteilen. Mit Zimtstangen toppen und genießen.

# MOKKA-SCHOKO-FRAPPÉ

1 Port. 2 Min. Leicht

**Zutaten**

40 ml kalter Mokka
40 ml Milch
1 Kugel Schokoeis
1 EL Minzsirup
1 TL Puderzucker
Eiswürfel
Frische Minze

**Nährwerte p. P.**

*202 kcal*
*31 g Kohlenhydrate*
*7 g Fett*
*4 g Eiweiß*

1 Die gesamten Zutaten (außer die Minze) in einen Standmixer geben und schaumig pürieren.

2 In ein hohes Glas füllen und mit Minze toppen.

# Bubble Tea

# COFFEE BUBBLE TEA

1 Port. 25 Min. Mittel

**Zutaten**

150 ml aufgebrühter Schwarztee
150 ml Kaffee
2 EL Zucker
½ TL Vanillepulver
1 Pck Tapioca Pearls
Eiswürfel

**Nährwerte p. P.**

*120 kcal*
*22 g Kohlenhydrate*
*3 g Fett*
*1 g Eiweiß*

1 Tapioca Pearls im kochenden Wasser zugedeckt etwa 15 Minuten ziehen lassen, mit kühlem Wasser abspülen und versuchen, das Wasser vorsichtig auszudrücken.

2 Eiswürfel in ein hohes Glas geben und mit Schwarztee und Kaffee auffüllen.

3 Geben Sie Zucker und Vanillepulver mit ins Glas, langsam die Tapioca Pearls dazugegeben und gut verrühren.

# PEACHTEA

1 Port.

2 Std. 10 Min.

Leicht

**Zutaten**

1 Beutel grüner Tee
150 ml Wasser
100 ml Pfirsichsaft
100 ml Kondensmilch
(oder Hafermilch)
2 EL Tapiokaperlen
Espresso-Eiswürfel

**Nährwerte p. P.**

*278 kcal*
*68 g Kohlenhydrate*
*1 g Fett*
*1 g Eiweiß*

1 Kochen Sie am Tag vorher Espresso und füllen Sie diesen in Eiswürfelformen. Alles über Nacht ins Gefrierfach stellen.

2 Am nächsten Tag das Wasser zum Kochen bringen und den Grüntee für mindestens 3 Minuten ziehen lassen. Danach für etwa 2 Stunden in den Kühlschrank stellen.

3 Füllen Sie Tapiokaperlen und die Espresso-Eiswürfel in ein hohes Glas und gießen Sie Pfirsichsaft, kalten Grüntee und Milch dazu.

4 Den Peachtea mit einem Strohhalm servieren und genießen.

# MATCHA BUBBLE TEA

1 Port. 5 Min. Leicht

**Zutaten**

1 TL Matchapulver +
2 EL heißes Wasser
250 ml Mandelmilch
2 EL Tapiokaperlen
1 EL Kaffeesirup
1 EL Honig (oder Agavendicksaft)
Eiswürfel

**Nährwerte p. P.**

*129 kcal*
*26 g Kohlenhydrate*
*1 g Fett*
*4 g Eiweiß*

1 Vermengen Sie das Matchapulver mit dem heißen Wasser. Zur Seite stellen und abkühlen lassen.

2 Mandelmilch, Eiswürfel, Honig und Kaffeesirup in einem Standmixer mixen.

3 Geben Sie die Tapiokaperlen in ein hohes Glas und gießen Sie den Matchatee und die Mandelmilch-Mischung dazu.

# ERDBEER-LATTE-TEA

   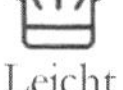

1 Port. 15 Min. Leicht

**Zutaten**

1 Teebeutel Früchtetee (Erdbeergeschmack) + 150 ml kochendes Wasser
50 ml kalter Latte macchiato
100 g Erdbeeren
2 EL Tapiokaperlen
Eiswürfel

**Nährwerte p. P.**

*30 kcal*
*4 g Kohlenhydrate*
*1 g Fett*
*1 g Eiweiß*

1 Früchtetee in kochendem Wasser etwa 5 Minuten ziehen und abkühlen lassen.

2 Pürieren Sie die Erdbeeren zu einem feinen Püree.

3 Ein hohes Glas mit Tapiokaperlen, Erdbeerpüree und Eiswürfeln befüllen. Gießen Sie den kalten Latte macchiato und den Tee dazu.

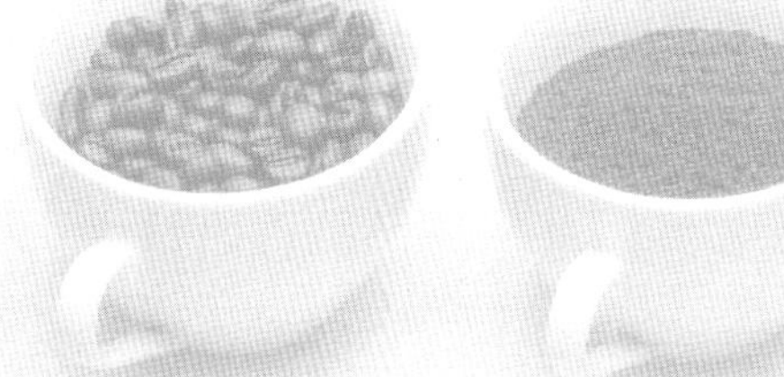

# International & Spezial

# Wiener Kaffeespezialitäten

# GROẞER BRAUNER

1 Port.

5 Min.

Leicht

**Zutaten**

1 doppelter Espresso
1 Schale/Kännchen Schlagsahne

**Nährwerte p. P.**

*46 kcal*
*0 g Kohlenhydrate*
*5 g Fett*
*0 g Eiweiß*

1 Den Espresso in einer Siebträger-Maschine zubereiten und Schlagsahne in ein Kännchen füllen.

2 Beides servieren und nach Belieben vermengen.

**Info:** Ein großer Brauner ist ein doppelter Mokka bzw. ein doppelter Espresso mit Kaffeeobers (so bezeichnen Österreicher die Schlagsahne). Serviert wird das Ganze in einer großen Schale oder einem Becher. Der kleine Braune ist ein einfacher Mokka/Espresso, der mit Schlagsahne zubereitet wird.

# KAPUZINER

 1 Port.

 5 Min.

 Leicht

**Zutaten**

10 g feines Kaffeepulver
70 ml Wasser
50 g Schlagsahne
Schokostreusel

**Nährwerte p. P.**

*120 kcal*
*6 g Kohlenhydrate*
*10 g Fett*
*1 g Eiweiß*

1 Brühen Sie aus dem Wasser und dem Kaffeepulver einen Lungo auf. Die Brühzeit beträgt etwa 50 bis 60 Sekunden. Den Kaffee in eine Cappuccinotasse füllen.

2 Sahne aufschlagen, auf den Kaffee geben und mit Streuseln toppen.

**Info:** Die Kapuziner gehören zu den franziskanischen Bettelorden. Wegen der Farbe ihrer Kutten wurde auch ein Mokka mit Schlagsahne so genannt. Denn nach dem Rühren sieht der Kaffee so aus wie die Kapuziner-Kutten.

# DER EINSPÄNNER

1 Port.

5 Min.

Leicht

**Zutaten**

1 doppelter Espresso
(50-60 ml)
30 ml heißes Wasser
3 EL Schlagsahne
1 TL Puderzucker

**Nährwerte p. P.**

*83 kcal*
*2 g Kohlenhydrate*
*8 g Fett*
*1 g Eiweiß*

1 In der Kaffeemaschine einen doppelten Espresso aufschütten.

2 Vermengen Sie Espresso und heißes Wasser in einer großen Tasse.

3 Sahne aufschlagen, zum Kaffee geben und mit Puderzucker bestreuen.

**Info:** Der klassische Einspänner besteht aus einem doppelten Espresso, Sahne und Puderzucker.

# FIAKER

1 Port. 5 Min. Leicht

**Zutaten**

7 g Kaffeepulver
100 ml heißes Wasser
20 ml Rum/Kirschwasser

**Nährwerte p. P.**

*32 kcal*
*0 g Kohlenhydrate*
*0 g Fett*
*0 g Eiweiß*

1 Den Kaffee mit heißem Wasser aufbrühen (z. B. mit einem Filter oder einem Frenchpress)

2 Gießen Sie Rum oder Kirschwasser nach Wahl dazu.

3 Sofort servieren und genießen.

**Info:** Kaffee mit Kirschwasser oder Rum.

# FRANZISKANER

1 Port.

15 Min.

Mittel

**Zutaten**

50 ml Mokka
50 ml Milch
50 ml geschlagenes Obers (Schlagsahne)

**Nährwerte p. P.**

*102 kcal*
*2 g Kohlenhydrate*
*10 g Fett*
*1 g Eiweiß*

1 Bereiten Sie den Mokka in einer Kanne vor und gießen Sie ihn in eine große Schale.

2 Die Sahne aufschlagen und die Milch erwärmen.

3 Servieren Sie den Franziskaner mit der Schlagsahne und der warmen Milch in der großen Schale.

**Info:** Mokka mit Melange und Schlagsahne.

# EIN VERKEHRTER

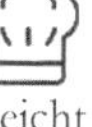

1 Port. 5 Min. Leicht

**Zutaten**

100 ml heiße Milch
100 ml Milchschaum
1 Schuss Mokka (oder Espresso)

**Nährwerte p. P.**

*68 kcal*
*5 g Kohlenhydrate*
*4 g Fett*
*3 g Eiweiß*

1 100 ml Milch erhitzen und 100 ml Milch in einem Teeglas aufschäumen lassen.

2 Gießen Sie einen Schuss Mokka mit ins Glas.

3 Sofort servieren und genießen.

**Info:** Mokka, der mit viel Milch im Teeglas serviert wird.

# WIENER EISKAFFEE

1 Port. 5 Min. Leicht

**Zutaten**

2 Espressi (etwa 100 ml)
50 ml kalte Milch
1-2 TL Zucker
2 Kugeln Vanilleeis

**Nährwerte p. P.**

*97 kcal*
*14 g Kohlenhydrate*
*4 g Fett*
*2 g Eiweiß*

1 Bereiten Sie mit einer Kaffeemaschine einen doppelten Espresso zu.

2 Füllen Sie in ein hohes Glas zwei Kugeln Vanilleeis und gießen Sie den heißen Espresso und die kalte Milch dazu.

3 Mit Zucker süßen und sofort genießen.

# KÄNNCHEN KAFFEE

2 Port. 20 Min. Leicht

**Zutaten**

500 ml aufgebrühter Bohnenkaffee
Milch und Zucker nach Wahl

**Nährwerte p. P.**

*0 kcal*
*0 g Kohlenhydrate*
*0 g Fett*
*0 g Eiweiß*

1 Gießen Sie den Bohnenkaffee mit einem Filter oder einer Kaffeemaschine auf.

2 Den Kaffee in einem kleinen Kännchen mit zwei Tassen servieren.

3 Nach Belieben können Sie den Kaffee mit Milch und Zucker verfeinern.

Info: Das Kännchen Kaffee mit zwei Tassen und frischem Bohnenkaffee gilt in Deutschland als eine Kaffeespezialität.

# BLÜMCHENKAFFEE

1 Port.

5 Min.

Leicht

**Zutaten**

1 EL gemahlener Bohnenkaffee
2 EL Malzkaffee
200 ml heißes Wasser
150 ml Milch

**Nährwerte p. P.**

*70 kcal*
*7 g Kohlenhydrate*
*3 g Fett*
*3 g Eiweiß*

1 Das Wasser zum Kochen bringen und beide Kaffeesorten und einen Filter mit Filtertüte bereitstellen.

2 Befüllen Sie den Filter mit beiden Kaffeesorten und lassen Sie das heiße Wasser durch den Filter in eine Tasse rinnen.

3 Die Milch kurz erwärmen, leicht aufschäumen und in die Kaffeetasse gießen.

**Info:** Ein sehr dünner, milder Kaffee.

# MUCKEFUCK

2 Port.

2 Std.

Mittel

**Zutaten**

1 Handvoll Löwenzahnwurzeln
1 Handvoll Zichorienwurzeln

**Nährwerte p. P.**

*48 kcal*
*5 g Kohlenhydrate*
*1 g Fett*
*4 g Eiweiß*

1 Die Wurzeln gründlich waschen und in kleine Stücke schneiden.

2 Legen Sie die Wurzeln auf ein Blech mit Backpapier und trocknen Sie diese bei 50 °C für 90 Minuten im Ofen. Danach auf 225 °C erhöhen und die Wurzeln so lange rösten, bis ein angenehmes Röstaroma entsteht.

3 Die Wurzeln sollten etwas abkühlen und dann zu einem feinen Pulver zermahlen werden.

4 Verwenden Sie für eine Tasse etwa 1 TL von dem Pulver und gießen Sie es in einer Tasse mit 200 ml heißem Wasser auf. Wenn Sie Stückchen vermeiden wollen, können Sie auch einen Filter verwenden.

**Info:** Koffeinfreier Kaffee aus Getreide. Der Name Muckefuck stammt wahrscheinlich aus dem französischem „Mocca faux", was übersetzt „falscher Kaffee" bedeutet. Eine andere Theorie besagt, dass es sich aus den rheinischen Wörtern „Mucke" (brauner Holzmulm) und „fuck" (faul) zusammensetzt. Der Kaffee stammt aus dem 18. Jahrhundert und man hat ihn besonders häufig in Kriegszeiten getrunken, als es keinen echten Kaffee gab. Heute nennt man ihn manchmal auch Kinderkaffee, weil er koffeinfrei und somit auch für Kinder geeignet ist.

# Holländische Kaffeespezialitäten

# DOKKUMER KOFJE

1 Port. 10 Min. Mittel

**Zutaten**

200 ml starker Kaffee
8 cl (80 ml) Beerenburg
50 ml Schlagsahne
1 EL brauner Farinzucker
1 EL Kandisfarin

**Nährwerte p. P.**

*245 kcal*
*20 g Kohlenhydrate*
*9 g Fett*
*1 g Eiweiß*

1 Schlagen Sie die Sahne steif und stellen Sie ein hohes Kaffeeglas bereit. In das Glas Farinzucker und Beerenburg gießen.

2 Den Kaffee aufbrühen und das Glas damit auffüllen. Toppen Sie den Kaffee mit Schlagsahne und Kandisfarin.

**Tipp:** Die Grundlage für den Kaffee ist Kräuterbitter Beerenburg Rühren Sie den Kaffee nicht um, da dieser durch die Sahne getrunken werden soll.

(„VERKEHRTER KAFFEE")

# KOFFIE VERKEERD

1 Port. 5 Min. Leicht

**Zutaten**

100 ml Espresso
100 ml Milch
1-2 TL Zucker (optional)

**Nährwerte p. P.**

*44 kcal*
*5 g Kohlenhydrate*
*2 g Fett*
*2 g Eiweiß*

1 Erwärmen Sie die Milch in einem Topf. Diese sollte jedoch nicht kochen. Bereiten Sie den Espresso in einer Kaffeemaschine vor und gießen Sie ihn in eine Tasse, die etwa zur Hälfte mit Kaffee gefüllt sein sollte.

2 Den Topf vom Herd nehmen und die Milch über den Kaffee gießen. Wer mag, kann seinen Kaffee noch mit Zucker süßen.

**Info:** In den Niederlanden ist es normal, den Kaffee meist etwas stärker zu trinken. Da diese Variante jedoch aus einem Verhältnis 50:50 von Milch und Kaffee besteht, wird dieser auch verkehrter Kaffee genannt.

# Italienische Kaffeespezialitäten

# RISTRETTO

1 Port. 2 Min. Leicht

**Zutaten**

1 Espresso

**Nährwerte p. P.**

*3 kcal*
*1 g Kohlenhydrate*
*0 g Fett*
*0 g Eiweiß*

1 Bereiten Sie den Espresso in der Siebträger-Maschine vor.

2 Brechen Sie die Extraktion eines einfachen Espressos vorzeitig ab, damit weniger Wasser im Getränk ist.

**Info:** Übersetzt heißt Ristretto „beschränkt“ oder „eingeengt“. Der Kaffee wird mit der gleichen Kaffeemenge wie ein Espresso zubereitet, aber mit nur halb so viel Wasser. Und der Mahlgrad des Kaffeepulvers ist etwas feiner, wodurch der Kaffee noch mehr Energie bringt.

# ESPRESSO MACCHIATO

1 Port.

5 Min.

Leicht

**Zutaten**

10 g frische Espressobohnen
15 ml Milchschaum

**Nährwerte p. P.**

*12 kcal*
*0 g Kohlenhydrate*
*0 g Fett*
*0 g Eiweiß*

1 Die Espressotasse vorwärmen. Bereiten Sie die Espressobohnen in einer Siebträger-Maschine vor, die Milch mit der Dampflanze aufschäumen.

2 Geben Sie etwa 2 TL Milchschaum in die Espressotasse. Umrühren und sofort genießen.

# CAFFÉ CORRETTO

1 Port. 5 Min. Leicht

**Zutaten**

10 g Espressobohnen
30 ml Wasser
25 ml Alkohol nach Wahl (z. B. Liköre, Brandy, Whiskey)

**Nährwerte p. P.**

*3 kcal*
*1 g Kohlenhydrate*
*0 g Fett*
*0 g Eiweiß*

1 Bereiten Sie in der Siebträger-Maschine einen Espresso vor.

2 Gießen Sie den gewünschten Alkohol mit in die Espressotasse.

**Info:** Übersetzt heißt Caffé corretto „korrigierter Kaffee“, da man noch Alkohol hinzufügt.

# Kaffeespezialitäten aus Asien

# KOPI GU YOU – EIN BUTTERKAFFEE AUS SINGAPUR

250 ml

5 Min.

Leicht

**Zutaten**

200 ml starker Filterkaffee
3-4 TL gesüßte Kondensmilch
1 Scheibe Butter (etwa 25 g)

**Nährwerte p. P.**

*106 kcal*
*1 g Kohlenhydrate*
*11 g Fett*
*1 g Eiweiß*

1 Zuerst bereiten Sie den Filterkaffee vor.

2 Die Kondensmilch in ein Glas geben und den Filterkaffee langsam und vorsichtig auf die Milch gießen.

3 Geben Sie eine Scheibe Butter auf den Kaffee und lassen Sie diese schmelzen, bis sich die typischen Fettaugen bilden.

# DALGONA-KAFFEE

300 ml 20 Min. Leicht

**Zutaten**

150 ml kalte Milch
1,5 EL Instant-Kaffee-pulver
1,5 EL Zucker
1,5 EL heißes Wasser
Eiswürfel

**Nährwerte p. P.**

*101 kcal*
*19 g Kohlenhydrate*
*2 g Fett*
*3 g Eiweiß*

1 Schlagen Sie Zucker, Wasser und Kaffee in einer Schüssel mit einem Handrührgerät auf, bis die Masse cremig wird.

2 Eiswürfel in ein hohes Glas füllen, mit Milch zu ⅔ auffüllen und die cremige Masse darübergeben.

# VIETNAMESISCHER EIERKAFFEE

1 Port.

10 Min.

Mittel

**Zutaten**

1 Espresso
1 Eigelb
3 EL gesüßte Kondensmilch
1 TL Vanillemark oder 1 Schuss Cognac (optional)

**Nährwerte p. P.**

*76 kcal*
*5 g Kohlenhydrate*
*5 g Fett*
*4 g Eiweiß*

1 Bereiten Sie einen starken Espresso in einer Siebträger-Maschine vor.

2 Eigelb und Kondensmilch in eine Schüssel füllen und so lange aufschlagen, bis die Masse dick und schaumig wird. Wenn Sie mögen, können Sie noch Vanillemark oder Cognac zur Masse geben.

3 Geben Sie den Schaum auf den frisch aufgebrühten Kaffee.

# Kaffeespezialitäten aus Afrika

# EL BARRAQUITO

1 Port. 10 Min. Leicht

**Zutaten**

2 doppelte Espressi
30 ml gesüßte Kondensmilch
2 cl (20 ml) Vanillelikör
heißer Milchschaum (etwa 30 ml Milch)
½ TL gemahlener Zimt
1 Zitronenzeste

**Nährwerte p. P.**

*57 kcal*
*6 g Kohlenhydrate*
*2 g Fett*
*2 g Eiweiß*

1 Bereiten Sie zuerst den Espresso in einem Siebträger vor und schäumen Sie die Milch auf, bis Milchschaum entsteht.

2 Damit sich im hohen Glas eine sichtbare Schicht bildet, erst die Kondensmilch, dann den Kaffee, anschließend den Vanillelikör und dann den Milchschaum in das Glas gießen.

3 Toppen Sie den Kaffee mit gemahlenem Zimt und einer Zitronenzeste.

**Info:** Diese Kaffeespezialität stammt von Teneriffa, wo er in der Bar Imperial in Puerto de la Cruz verkauft wurde. Doch mittlerweile findet man ihn auch in vielen anderen Orten.

# ÄGYPTISCHER KAFFEE

1 Port. 21 Min. Mittel

**Zutaten**

1-2 TL ägyptisches Kaffeepulver
1 Tasse kaltes Wasser
1 TL gemahlener Kardamom
½ TL gemahlener Muskat
½ TL gemahlene Gewürznelke
Zucker nach Belieben

1 Gießen Sie das Wasser in ein Kupfer- oder Messinggefäß und geben Sie das Kaffeepulver, die Gewürze und den Zucker dazu.

2 Die Zutaten gründlich verrühren und auf dem Herd bei mittlerer Hitze zum Kochen bringen, bis es schäumt.

3 Einen Löffel Schaum in die Tasse geben und mit dem Kaffee auffüllen.

**Nährwerte p. P.**

*23 kcal*
*5 g Kohlenhydrate*
*0 g Fett*
*0 g Eiweiß*

**Info:** Typisch für den ägyptischen Kaffee ist die Zubereitung mit Kardamom. Der Kaffee wird auch „Ahwa“ genannt und entweder leicht gesüßt (arriha), mittelsüß (mazboot), sehr süß (zyada) oder ungesüßt (sada) getrunken. Allerdings wird der Kaffee nur bei traurigen Anlässen ungesüßt getrunken.

**Tipp:** Die traditionellen Tassen sind ohne Henkel. Dazu passt ein ägyptischer Mandel-Grieß-Kuchen.

# KAFFEEZEREMONIE IN ÄTHIOPIEN

30 Min.

Schwer

**Zutaten**

Grüne Kaffeebohnen
Wasser
Zucker
Metallschale
Mörser
Jabana (traditionelle Kaffeemühle aus Ton)
Tassen ohne Henkel

1 Waschen Sie die grünen Kaffeebohnen gründlich und rösten Sie diese in einer gewölbten Metallschale für ein paar Minuten.

2 Mit einem Mörser die Bohnen fein mahlen. Über einem offenen Feuer wird das Wasser erhitzt. Zuhause können Sie das Wasser natürlich auch auf dem Herd erhitzen.

3 Geben Sie den gemahlenen Kaffee in die Jabana und gießen Sie das Wasser dazu.

4 Füllen Sie 1-2 TL Zucker in die Tassen und gießen Sie den Kaffee aus 10-30 cm Höhe kunstvoll in die Tassen.

**Info:** Eine echte äthiopische Kaffeezeremonie ist ein wirklich interessantes Erlebnis, bei dem Kaffee zelebriert wird. Hierfür sollten Sie viel Zeit mitbringen. Meistens sind die Gastgeber weiblich, tragen ein weißes Gewand und sitzen bei der Zubereitung auf einem Schemel.

# Rezepte mit Kaffee

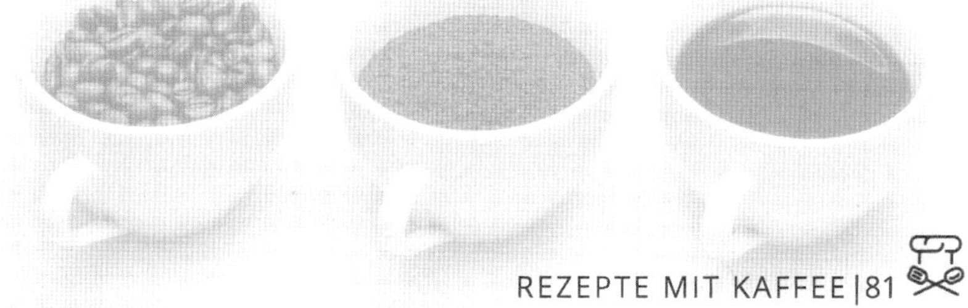

# Eiskaffee & kühle Getränke

# KAFFEE-SMOOTHIE

1 Port.

5 Min.

Leicht

**Zutaten**

25 ml Espresso
1 gefrorene Banane
125 ml Kokoswasser
1 EL Kakaopulver
1 EL Chiasamen (oder Leinsamen)

**Nährwerte p. P.**

*495 kcal*
*37 g Kohlenhydrate*
*34 g Fett*
*10 g Eiweiß*

1 Geben Sie die Zutaten in einen Standmixer und pürieren Sie sie zu einer flüssigen Masse.

2 Den Smoothie in ein hohes Glas füllen und kalt genießen.

# CAFÉ-COCKTAIL MIT WALNUSSEIS

1 Port. 5 Min. Leicht

**Zutaten**

200 ml gekühlter, starker Kaffee
2 cl (20 ml) Kirschwasser
1 Kugel Walnusseis
1 EL Schlagsahne
1 TL Kaffeesirup

**Nährwerte p. P.**

*74 kcal*
*7 g Kohlenhydrate*
*4 g Fett*
*1 g Eiweiß*

1 Kaffee, Kirschwasser und Sirup in einem Gefäß miteinander vermengen.

2 Eine Eiskugel in ein Cocktailglas geben.

3 Füllen Sie das Glas mit der Kaffeemischung auf und toppen Sie das Getränk mit Schlagsahne.

# KAFFEE-ZITRONEN-EISTEE

4 Port. 15 Min. Leicht

**Zutaten**

350 ml aufgebrühter, kalter Kaffee + 100 ml
250 ml Tonic Water
4-5 EL Rohrzucker
4 Bio-Zitronen

**Nährwerte p. P.**

*120 kcal*
*27 g Kohlenhydrate*
*0 g Fett*
*0 g Eiweiß*

1 Gießen Sie 100 ml kalten Kaffee in Eiswürfelformen und stellen Sie diese über Nacht in den Kühlschrank.

2 Pressen Sie am nächsten Tag eine Zitrone aus und reiben Sie nach Belieben etwas von der Schale ab. Geben Sie den Zitronensaft, den Abrieb und den Rohrzucker in einen Topf und lassen Sie das Ganze bei mittlerer Hitze köcheln, bis ein Sirup entsteht. Vom Herd nehmen und abkühlen lassen.

3 Gekühlter Kaffee und Tonic Water in eine große Glaskaraffe gießen und weitere 2 Zitronen auspressen. Rühren Sie den Zitronensaft und den Zitronensirup ein.

4 Schneiden Sie die letzte Zitrone in Scheiben und legen Sie in jedes Glas 2 bis 3 Scheiben und nach Belieben Kaffeeeiswürfel. Das Glas mit dem Kaffee-Zitronen-Eistee auffüllen und gekühlt genießen.

# KAFFEE-CHERRY-COLA

1 Port. 10 Min. Leicht

**Zutaten**

400 ml aufgebrühter, kalter Kaffee
600 ml Cherry-Cola (Kirschcola)
4-5 EL Kirschsirup
2 Handvoll Cocktailkirschen
1 Bio-Limette, in Scheiben geschnitten
4 Holzspieße
Eiswürfel

**Nährwerte p. P.**

*180 kcal*
*36 Kohlenhydrate*
*2 g Fett*
*2 g Eiweiß*

1 Gekühlter Kaffee und Cherry-Cola in eine Glaskaraffe gießen und den Sirup darin verrühren.

2 Verteilen Sie in 4 Gläser Eiswürfel und Limettenscheiben und gießen Sie die Gläser mit der Kaffee-Cola auf.

3 Stecken Sie die Cocktailkirschen auf die Holzspieße und toppen Sie jedes Getränk damit.

# VEGANER EISKAFFEE MIT WAFFELTOPPING

1 Port.

15 Min.

Leicht

**Zutaten**

300 ml Hafermilch (Barista)
50 ml warmes Wasser
3 TL Instant-Kaffeepulver
2 TL Zucker
1 veganes Waffel-Eis-Sandwich (gibt es in vielen Supermärkten)
1 Kugel veganes Vanilleeis (optional)
Eiswürfel

**Nährwerte p. P.**

*145 kcal*
*23 g Kohlenhydrate*
*5 g Fett*
*1 g Eiweiß*

1 Kaffeepulver, Zucker und warmes Wasser in ein hohes Gefäß geben und mit einem Milchaufschäumer schaumig schlagen. Die Hafermilch in einem separaten Gefäß ebenfalls aufschlagen.

2 Geben Sie nach Belieben Eiswürfel und eine Kugel Vanilleeis in ein großes Glas und gießen Sie zuerst den Kaffee und dann die Hafermilch dazu.

3 Toppen Sie das Glas mit einem Waffel-Eis-Sandwich am Rand.

# CHEESECAKE-EISKAFFEE

1 Port.

10 Min.

Leicht

**Zutaten**

200 ml kalter Filterkaffee
50 g Frischkäse
1,5 Päckchen Vanillezucker
Sprühsahne
Eiswürfel

**Nährwerte p. P.**

*536 kcal*
*21 g Kohlenhydrate*
*57 g Fett*
*8 g Eiweiß*

1 Geben Sie den kalten Kaffee zusammen mit dem Vanillezucker, dem Frischkäse und den Eiswürfeln in einen Standmixer und pürieren Sie die Masse gründlich.

2 Das Getränk sofort in ein hohes Glas füllen und mit Sprühsahne toppen.

# Kuchen & Gebäck

# ESPRESSO-NUSS-BROWNIES

20 Port.

1 Std.

Leicht

**Zutaten**

150 g Dinkelmehl
50 g Rohrzucker
2 EL Mandelmehl
2 EL Kakaopulver
120 g grob gehackte Walnusskerne + 3 EL
120 g Margarine
50 ml Espresso
3 Eier (kann man auch durch Leinsamen ersetzen; für jedes Ei 1 EL Leinsamen mit 3 EL Wasser verrühren)
400 g grob gehackte Zartbitterschokolade
1 TL Vanillemark
1 Prise Meersal

**Nährwerte p. P.**

*252 kcal*
*19 g Kohlenhydrate*
*17 g Fett*
*5 g Eiweiß*

1 Heizen Sie den Backofen auf 160 °C Umluft vor.

2 Die Margarine und etwa 300 g von der Schokolade in eine hitzefeste Schale füllen und in einem Topf über einem Wasserbad schmelzen. Vom Herd nehmen und gut abkühlen lassen.

3 Rühren Sie den Zucker, den Espresso und das Vanillemark unter die Schokolade. Die Eier aufschlagen oder die Leinsamen-Eier anrühren und ebenfalls unter die Masse heben.

4 Vermengen Sie Mandelmehl, Dinkelmehl, Kakaopulver und Salz in einer Rührschüssel und geben Sie die Schokoladenmasse dazu. Alles gründlich verrühren und die Walnüsse unterheben.

5 Verstreichen Sie die Masse auf einem Backblech mit Backpapier und streuen Sie die restliche Schokolade und 3 EL Walnüsse auf die Masse.

6 Etwa 40 Minuten im Ofen backen lassen, herausnehmen, abkühlen lassen und in 20 Stücke schneiden.

# CAPPUCCINO-KIPFERL

20 Port. 1,5 Std. Leicht

**Zutaten**

300 g Weizenmehl
100 g gemahlene Haselnüsse
100 g Zucker
200 g Margarine (oder Butter)
1 EL Instantkaffeepulver (Cappuccinopulver)
50 ml heißes Wasser
100 g Zartbitterschokolade

**Nährwerte p. P.**

*205 kcal*
*19 g Kohlenhydrate*
*13 g Fett*
*3 g Eiweiß*

1 Lösen Sie das Instantpulver im heißen Wasser auf und lassen Sie es abkühlen.

2 Mehl in eine Teigschüssel sieben und mit Zucker und gemahlenen Haselnüssen vermengen. Margarine und den abgekühlten Cappuccino dazugeben und die Zutaten zu einem Teig verkneten. Lassen Sie den Teig 1 Stunde gehen.

3 Heizen Sie den Backofen auf 160 °C Umluft vor und stellen Sie ein Blech mit Backpapier bereit.

4 Rollen Sie den Teig in zwei dicke Stränge, schneiden Sie von jedem Strang etwa 10 Stücke ab und formen Sie daraus Kipferl.

5 Die Kipferl auf das Backblech legen und 15 Minuten backen lassen. Herausholen und abkühlen lassen.

6 Währenddessen die Schokolade im Wasserbad schmelzen lassen und die Kipferl damit verzieren.

# STARKER KAFFEEKUCHEN

12 Port.

1 Std. 10 Min.

Leicht

**Zutaten**

375 g Weizenmehl
250 g Margarine
200 g Zucker
100 g gemahlene Mandeln
4 Eier (oder Eiersatzpulver)
2 Päckchen Vanillezucker
2 TL Backpulver
1 TL geriebene Orangenschalen
250 ml starker Kaffee
2 EL Puderzucker
1 EL Kakaopulver

**Nährwerte p. P.**

*414 kcal*
*43 g Kohlenhydrate*
*24 g Fett*
*7 g Eiweiß*

1 Fetten Sie eine Gugelhupfform (22 cm Durchmesser) ein und heizen Sie den Backofen auf 180 °C Ober-/Unterhitze vor.

2 Schlagen Sie Margarine, Zucker und Vanillezucker in einer Teigschüssel cremig, Eier oder Eiersatz dazugeben und die Masse auf höchster Stufe mixen.

3 Mehl, Kakaopulver, Backpulver, gemahlene Mandeln und geriebene Orangenschalen in der Schüssel vermengen und alles gründlich verrühren. Kaffee dazugießen und noch einmal alles vermixen, bis ein glatter Teig entsteht.

4 Geben Sie den Teig in die Backform und backen Sie den Kuchen für etwa 60 Minuten. Machen Sie die Stäbchenprobe, bevor Sie den Kuchen herausnehmen.

5 Den Kuchen abkühlen lassen und mit Puderzucker bestreuen.

# MOKKA-KEKSE

25 Port. 55 Min. Leicht

**Zutaten**

150 g Weizenmehl
90 g Margarine
40 g Zucker
60 g Zartbitterschokolade
20 ml Mokka
1 Ei (oder Eiersatzpulver)
1 Prise Salz
75 g helle Kuvertüre

**Nährwerte p. P.**

*81 kcal*
*8 g Kohlenhydrate*
*5 g Fett*
*1 g Eiweiß*

1 Schmelzen Sie die Zartbitterschokolade in einem Wasserbad und geben Sie den Mokka dazu. Gut verrühren und abkühlen lassen.

2 Mehl, Zucker, Salz und das Ei oder den Eiersatz in eine Teigschüssel geben. Margarine und Schokolade-Mokka-Masse untermengen und mit den Händen zu einem glatten Teig verkneten.

3 Formen Sie den Teig zu einer Kugel, in Frischhaltefolie wickeln und für 30 Minuten in den Kühlschrank legen.

4 Heizen Sie den Backofen auf 160 °C Umluft vor und stellen Sie ein Blech mit Backpapier bereit.

5 Aus dem Teig zwei Rollen formen und etwa 20-25 Scheiben (etwa 1 cm dick) abschneiden. Die Scheiben auf dem Blech verteilen und dieses für etwa 10 Minuten in den Ofen schieben. Herausholen und abkühlen lassen.

6 Helle Kuvertüre im Wasserbad schmelzen lassen und die Kekse damit verzieren.

# LATTE-MACCHIATO-CUPCAKES

12 Port.

40 Min.

Mittel

**Zutaten**

280 g Weizenmehl
100 g Zucker
2 Päckchen Vanillezucker
80 ml Sonnenblumenöl
3 TL Backpulver
1 Ei (oder Eiersatz)
250 ml Buttermilch (oder Milchersatz)
2 EL Milch (oder Milchersatz)
250 ml (vegane) Schlagsahne
100 g Schoko-Mokka-Bohnen
2 TL lösliches Espressopulver

**Nährwerte p. P.**

*265 kcal*
*29 Kohlenhydrate*
*15 g Fett*
*4 g Eiweiß*

1 Heizen Sie den Backofen auf 180 °C Ober-/Unterhitze vor.

2 Schlagen Sie das Ei (oder den Eiersatz) mit dem Zucker in einer Teigschüssel schaumig. Milch, Buttermilch, Sonnenblumenöl, Mehl und Backpulver untermengen. Mokka-Bohnen fein hacken und dazugegeben. Verarbeiten Sie die Zutaten zu einem Teig.

3 Füllen Sie den Teig in 12 Muffinformen und backen Sie diese für 20-25 Minuten im Ofen. Herausholen und abkühlen lassen.

4 Währenddessen Schlagsahne, Espressopulver und Vanillezucker steif schlagen, in einen Spritzbeutel füllen und die Muffins mit dem Frosting toppen.

# HERBSTLICHER BIRNEN-KAFFEE-KUCHEN

15 Port.

1 Std. 20 Min.

Leicht

**Zutaten**

175 g Mehl
1 TL Backpulver
250 g Zucker
150 g weiche Butter
3 geschälte Birnen
3 Eier (oder Eiersatzpulver)
200 ml Birnensaft
200 ml Wasser
75 ml (pflanzliche) Schlagsahne
1 EL Kakaopulver
1 EL lösliches Espressopulver +1 EL heißes Wasser
Puderzucker
Öl für die Backform

**Nährwerte p. P.**

*234 kcal*
*30 g Kohlenhydrate*
*11 g Fett*
*2 g Eiweiß*

1 Bringen Sie Wasser und Birnensaft in einem Topf zum Kochen, geben Sie 100 g vom Zucker dazu. Birnen mit in den Topf legen und etwa 20 Minuten bei mittlerer Hitze weich kochen. Kurz abkühlen lassen, das Kerngehäuse entfernen und die Birnen in kleine Spalten schneiden.

2 Heizen Sie den Ofen auf 175 °C Umluft vor. Verrühren Sie das Espressopulver mit dem heißen Wasser.

3 Geben Sie Butter, den restlichen Zucker, das Backpulver, Kakaopulver und die Eier (Eiersatzpulver) in eine Teigschüssel und verrühren Sie alles mit einem Handrührgerät zu einer cremigen Masse. Schlagsahne, Espresso und Mehl untermengen und zu einem Teig verarbeiten.

4 Birnen mit in den Teig geben, eine Kastenform einfetten und mit Mehl bestäuben. Füllen Sie den Teig gleichmäßig in die Form und stellen Sie diese für 40 bis 50 Minuten in den Ofen.

5 Vor dem Herausholen die Stäbchenprobe machen, kurz abkühlen lassen, aus der Form stürzen und mit Puderzucker bestreuen.

# WINDBEUTEL MIT KAFFEECREME

15 Port.

6 Std. 50 Min.

Mittel

**Zutaten**

**Für den Teig:**
75 g Mehl
2 EL Butter
2 Eier (oder Eiersatzpulver)
125 ml Wasser
1 Prise Salz

**Für die Füllung:**
200 ml Schlagsahne
2 EL Instant-Kaffeepulver
300 g weiße Schokolade

**Nährwerte p. P.**

*201 kcal*
*15 g Kohlenhydrate*
*14 g Fett*
*2 g Eiweiß*

1 Kochen Sie das Wasser mit Salz in einem Topf auf und rühren Sie das Mehl unter. Bei mittlerer Hitze stetig umrühren, bis sich am Boden ein Mehlbelag bildet. Der Teig sollte sich als Kloß vom Topf lösen.

2 Heizen Sie den Backofen auf 200 °C Umluft vor und legen Sie ein Blech mit Backpapier bereit.

3 Teig in eine Rührschüssel umfüllen und die Eier und die Butter dazugegeben. Alles gründlich verrühren, den Teig in einen Spritzbeutel mit Sterntülle füllen und etwa 15 Teig-Tupfer auf das Backblech spritzen. Im Ofen etwa 20 Minuten backen lassen. Herausholen und abkühlen lassen.

4 Hacken Sie die weiße Schokolade in kleine Stücke und erhitzen Sie die Schlagsahne mit dem Kaffeepulver in einem Topf. Schokolade ebenfalls darin schmelzen, in eine Schüssel umfüllen und für mindestens 6 Stunden in den Kühlschrank stellen.

5 Halbieren Sie die Windbeutel waagerecht und schlagen Sie die Creme mit einem Handrührgerät auf. In einen Spritzbeutel füllen und die Creme auf den Boden spritzen und die andere Hälfte obendrauf legen.

# PFIRSICH-KAFFEE-KÄSEKUCHEN

12 Port. 1,5 Std. Mittel

**Zutaten**

**Für den Teig:**
180 g Weizenmehl
100 g Butter
1 Ei
3 EL Puderzucker
1 Prise Salz

**Für die Pfirsich-Quark-Masse:**
1 Dose Pfirsiche
500 g Quark
500 g Mascarpone
180 g Zucker
4 Eier
1 Päckchen Vanillepuddingpulver
2 EL Instant-Kaffeepulver + 3 EL heißes Wasser

**Nährwerte p. P.**

*381 kcal*
*37 g Kohlenhydrate*
*21 g Fett*
*11 g Eiweiß*

1 Heizen Sie den Backofen auf 180 °C Ober-/Unterhitze vor.

2 Legen Sie ein Backpapier in eine Springform (26 cm Durchmesser) und bereiten Sie den Mürbeteig vor. Dafür alle Zutaten für den Teig in einer Rührschüssel verkneten und auf dem Boden der Springform andrücken. Den Kuchenboden 20 Minuten im Backofen backen.

3 Währenddessen die Quarkmasse zubereiten. Pfirsiche gut abtropfen lassen und Kaffeepulver mit heißem Wasser verrühren.

4 Vermengen Sie in einer Schüssel Quark, Mascarpone, Zucker, Eier, den abgekühlten Kaffee und das Puddingpulver. Alles mit einem Handrührgerät vermixen und dann die Pfirsiche klein schneiden und unterheben.

5 Die Quarkmasse auf den Mürbeteigboden streichen und alles nochmals für 50 Minuten in den Ofen geben.

6 Vor dem Servieren den Kuchen kühl stellen.

# Desserts

# GEWÜRZ-QUARK

1 Port.

2 Std. 10 Min.

Leicht

**Zutaten**

300 g Sojaquark (ungesüßt)
4 EL Sojamilch
3 EL Instant-Kaffeepulver
1 TL gemahlener Zimt
1 Msp. Kardamom
1 Msp. gemahlene Nelken
1 TL Vanillemark
1 TL Kakaopulver
1 EL Sojasahne

**Nährwerte p. P.**

*414 kcal*
*24 g Kohlenhydrate*
*19 g Fett*
*35 g Eiweiß*

1 Sojamilch und Kaffeepulver in einem Topf auf mittlerer Stufe erhitzen, bis sich das Pulver aufgelöst hat.

2 Gießen Sie den Kaffee in eine große Schüssel und heben Sie den Sojaquark unter. Alles gut verrühren.

3 Schmecken Sie den Quark mit den Gewürzen ab und stellen Sie ihn für mindestens 2 Stunden in den Kühlschrank.

4 Vor dem Servieren noch mit Sojasahne begießen und mit Kakaopulver bestreuen.

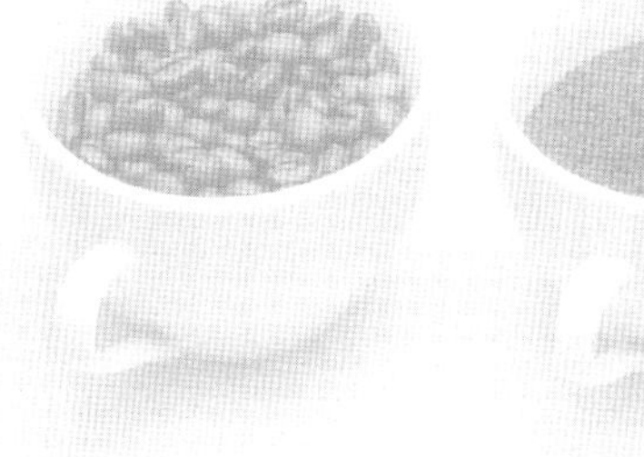

# ESPRESSO-EIS

4 Port.

2 Std. 15 Min.

Leicht

**Zutaten**

300 g Cashewkerne (über Nacht im Wasser einweichen lassen)
250 ml Hafermilch
180 ml starker Kaffee
2 EL Agavendicksaft
1 TL Vanillemark
4-5 Spritzer Bittermandelaroma
1 Handvoll Espressobohnen

**Nährwerte p. P.**

*531 kcal*
*38 g Kohlenhydrate*
*36 g Fett*
*11 g Eiweiß*

1 Wasser von den Cashews abschütten und diese mit allen anderen Zutaten (außer den Espressobohnen) in den Standmixer geben und pürieren.

2 Rühren Sie die Masse in einer Eismaschine cremig und füllen Sie alles in eine Gefrierdose. Das Eis etwa 2 Stunden ins Gefrierfach stellen.

3 Servieren Sie das Eis in kleinen Schälchen und toppen Sie es mit den Espressobohnen.

# JOGHURT-KEKS-DESSERT

1 Port. 10 Min. Leicht

**Zutaten**

150 g (pflanzlicher) Joghurt
100 g (pflanzliche) Crème fraîche
1 EL frisch gemahlener Kaffee
1 Handvoll Cantuccini (oder andere Kekse)
1 EL Schokostreusel

**Nährwerte p. P.**

*349 kcal*
*24 g Kohlenhydrate*
*25 g Fett*
*7 g Eiweiß*

1 Joghurt, Crème fraîche und Kaffeepulver in einem Standmixer cremig pürieren.

2 Füllen Sie die Masse in ein Dessert-Glas, zerkrümeln Sie die Kekse und streuen Sie diese zusammen mit den Streuseln auf den Joghurt.

# VANILLE-KAFFEE-CREME

2 Port.

1 Std. 20 Min.

Leicht

**Zutaten**

100 ml aufgebrühter, starker Kaffee
90 ml Hafermilch
2 EL Agavendicksaft
1 EL Vanillepuddingpulver
100 ml Schlagsahne
1 Handvoll Schokodrops

**Nährwerte p. P.**

*227 kcal*
*21 g Kohlenhydrate*
*15 g Fett*
*3 g Eiweiß*

1 Hafermilch, Agavendicksaft und Kaffee in einem Topf verrühren und davon 5 EL mit dem Puddingpulver in einer kleinen Schale vermengen.

2 Lassen Sie die Hafermilch-Kaffee-Masse aufkochen und rühren Sie die Puddingpulver-Masse unter. Nochmals aufkochen lassen, bis die Masse zähflüssig wird. Vom Herd nehmen und abkühlen lassen.

3 Schlagen Sie die Hälfte der Sahne mit einem Handrührgerät auf und geben Sie diese vorsichtig unter die abgekühlte Creme. Gründlich verrühren und auf 2 Dessertschälchen verteilen.

4 Die restliche Sahne ebenfalls aufschlagen und die Creme mit Sahne und Schokodrops toppen.

5 Für mindestens 1 Stunde in den Kühlschrank stellen und gekühlt genießen.

# KAFFEEPUDDING MIT KARAMELLISIERTEN HAFERFLOCKEN

2 Port.

1 Std.
15 Min.

Leicht

**Zutaten**

200 ml Hafermilch
100 ml (vegane) Sahne
60 g Zucker
1 Päckchen Vanillezucker
1 EL Instant-Kaffeepulver
2 EL Haferflocken
2 g Agar-Agar
1 EL Wasser

**Nährwerte p. P.**

*239 kcal*
*35 g Kohlenhydrate*
*8 g Fett*
*4 g Eiweiß*

1 Geben Sie Hafermilch, Sahne, Kaffeepulver, Agar-Agar ; Vanillezucker und 40 g Zucker in einen Topf und lassen Sie alles aufkochen. Alles gut verrühren und weitere 2 Minuten auf dem Herd köcheln lassen. Die Masse in 3 kleine Puddingformen aus Silikon füllen und für 1 Stunde in den Kühlschrank stellen.

2 Währenddessen den restlichen Zucker mit einem Esslöffel Wasser in einem Topf karamellisieren. Geben Sie die Haferflocken dazu und lassen Sie alles auf einem Backpapier gut abkühlen.

3 Lösen Sie den Pudding aus den Formen und toppen Sie ihn mit den karamellisierten Haferflocken.

# TIRAMISU

2 Port.

2 Std. 15 Min.

Leicht

**Zutaten**

125 g Mascarpone
50 ml starker Espresso
50 ml Schlagsahne
2 EL Zucker
1 Eigelb
2 EL Amarettolikör
100 g Löffelbiskuits
2 TL Kakaopulver

**Nährwerte p. P.**

*580 kcal*
*44 g Kohlenhydrate*
*39 g Fett*
*10 g Eiweiß*

1 Bereiten Sie 50 ml starken Espresso zu. Diesen komplett abkühlen lassen und mit Amarettolikör vermengen.

2 Zucker und Eigelb mit einem Handrührgerät in einer Schale cremig schlagen und nach und nach die Mascarpone und die Schlagsahne dazugeben. Alles gründlich verrühren.

3 Zwei Dessertschälchen mit Löffelbiskuits belegen, kalten Espresso darübergießen und mit der Mascarpone-Masse bedecken. Stellen Sie das Tiramisu für 2 Stunden in den Kühlschrank.

4 Bestreuen Sie das Dessert vor dem Servieren mit Kakaopulver.

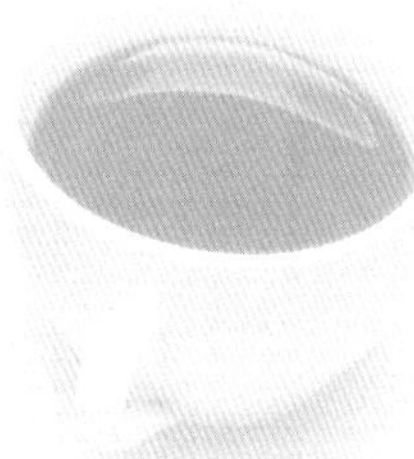

# Herzhaftes

# KAFFEETOMATEN-RISOTTO

2 Port.

35 Min.

Mittel

**Zutaten**

60 g kleine Strauchtomaten, in Viertel geschnitten
3 g Kaffeebohnen
1,5 EL Olivenöl
1 EL Kaffee-Olivenöl (kann man z. B. bei artefakt.eu bestellen)
½ EL Kaffeelikör
Salz und Pfeffer

**Für das Risotto:**
100 g Risotto-Reis
1 fein gehackte Schalotte
400 ml Gemüsebrühe
50 ml Weißwein
2 EL Olivenöl
2 EL grob gehacktes Basilikum

**Nährwerte p. P.**

*423 kcal*
*40 g Kohlenhydrate*
*21 g Fett*
*8 g Eiweiß*

1 Zuerst die Kaffee-Tomaten zubereiten. Dafür die Kaffeebohnen in einem Mörser zerkleinern und diese zusammen mit Kaffee-Öl, Olivenöl und Likör in einem Topf erhitzen. Tomaten dazugeben, mit Salz und Pfeffer würzen und beiseitestellen.

2 Backofen auf 80 °C Umluft vorheizen, die Tomaten auf einem Blech mit Backpapier für 20 Minuten garen lassen.

3 Währenddessen bereiten Sie das Risotto zu. Dafür Olivenöl in einer Pfanne erhitzen und die Schalotte scharf anbraten, Reis dazugeben und mit Gemüsebrühe und Weißwein ablöschen. Das Ganze etwa 20 Minuten köcheln lassen und stetig umrühren.

4 Richten Sie das Risotto mit den Kaffeetomaten auf tiefen Tellern an und toppen Sie das Gericht mit Basilikum.

# KÜRBIS-KAFFEE-SUPPE

4 Port.

25 Min.

Leicht

**Zutaten**

1 Hokkaido-Kürbis, geschält und in Würfel geschnitten
2 fein gehackte rote Zwiebeln
2 große Möhren, geschält und in Stücke geschnitten
500 ml Gemüsebrühe
100 ml (pflanzliche) Sahne
40 g frisch gemahlene Kaffeebohnen
1 EL Butter (oder Margarine)
Salz und Pfeffer

**Nährwerte p. P.**

*206 kcal*
*25 g Kohlenhydrate*
*4 g Fett*
*4 g Eiweiß*

1 Erhitzen Sie die Butter in einem großen Topf und braten Sie die Zwiebeln scharf an. Möhren und Kürbis dazugeben, mit Gemüsebrühe ablöschen und etwa 15 Minuten bei mittlerer Hitze köcheln lassen.

2 Pürieren Sie die Zutaten mit einem Stabmixer, heben Sie die Sahne und das Kaffeepulver unter die Suppe und lassen Sie diese nochmals 5 Minuten köcheln.

3 Mit Salz und Pfeffer abschmecken und auf 4 Tellern verteilen. Wenn Sie mögen, können Sie die Suppe noch mit Kaffeepulver garnieren.

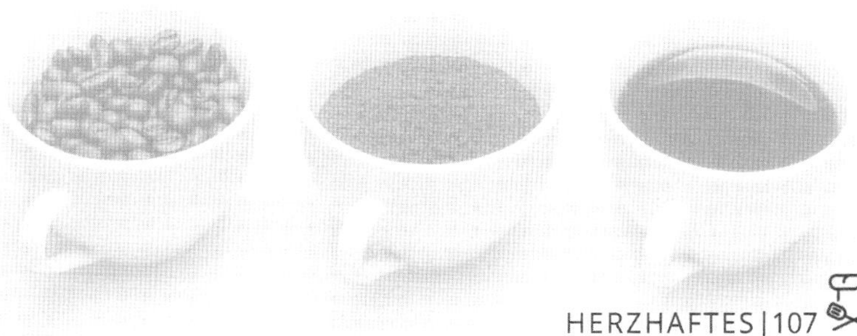

# KNUSPRIGES KAFFEEBROT

1 Port.

2,5 Std.

Leicht

**Zutaten**

500 g Weizen-Dinkelmehl
2 Päckchen Trockenhefe
250 ml heißes Wasser
100 ml (vegane) Milch
4 Päckchen Espressosticks
3 EL Instant-Kaffeepulver
1 TL Vanillemark
1 Prise Zimt
1 Prise Salz
1 TL Honig (oder Agavendicksaft)

**Nährwerte p. P.**

*132 kcal*
*24 g Kohlenhydrate*
*1 g Fett*
*4 g Eiweiß*

1 Lösen Sie die Espressosticks nach Packungsanweisung mit dem heißen Wasser auf, abkühlen lassen und mit Hefe und Milch in einer Teigschüssel vermengen.

2 Geben Sie die restlichen Zutaten dazu und verkneten Sie alles zu einem glatten Teig. Verdecken Sie die Schüssel mit einem sauberen Küchenhandtuch und lassen Sie den Teig 90 Minuten gehen.

3 Heizen Sie den Backofen auf 200 °C Umluft vor und fetten Sie eine Kastenform ein.

4 Kneten Sie den Teig nochmals gründlich durch, in die Kastenform geben und das Brot für etwa 45 Minuten backen lassen.

# KAFFEEPASTA MIT MANGOSAUCE

2 Port.

50 Min.

Mittel

**Zutaten**

**Für den Pastateig:**
125 g Weizenmehl
20 ml kalter Espresso
1 Ei (oder Eiersatzpulver)
1 TL Olivenöl
1 Prise Salz

**Für die Sauce:**
1 reife Mango, geschält und in kleine Würfel geschnitten
50 ml trockener Weißwein
2 EL Sojasoße
1 EL Butter (oder Margarine)
1 TL Chilipulver
Salz und Pfeffer

**Nährwerte p. P.**

*448 kcal*
*72 Kohlenhydrate*
*11 g Fett*
*10 g Eiweiß*

1 Bereiten Sie zuerst die Pasta vor. Dafür Mehl, Ei, Salz und Öl in einer Schüssel zu einem Teig verkneten. Gießen Sie den Espresso nach und nach dazu. Formen Sie den Teig zu einer Kugel und lassen Sie diese 20 Minuten ruhen.

2 Rollen Sie den Teig mit einer Nudelmaschine zu dünnen Teigplatten aus. Mit einem Messer oder einem Nudelaufsatz zu Bandnudeln verarbeiten.

3 Erhitzen Sie Butter für die Sauce in einer Pfanne und braten Sie die Mangowürfel mit Chilipulver an. Mit Weißwein und Sojasauce ablöschen und mit Salz und Pfeffer abschmecken.

4 Kochen Sie die Pasta in heißem Salzwasser. Nachdem das Wasser abgeschüttet wurde, die Pasta mit ein wenig Pastawasser in der Sauce schwenken und auf tiefen Tellern servieren.

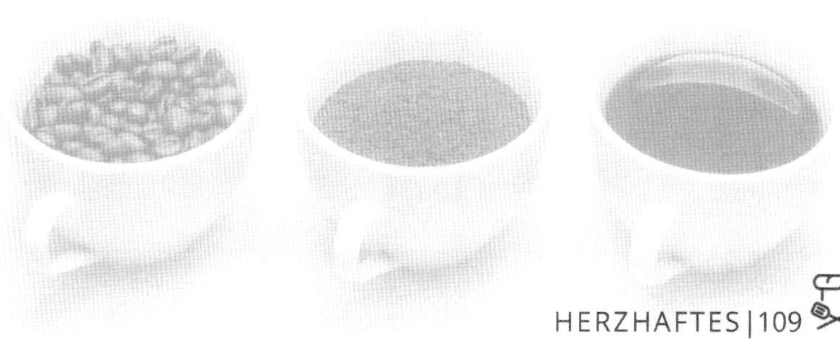

# BANDNUDELN MIT ESPRESSO-PILZSAUCE

2 Port.

20 Min.

Leicht

**Zutaten**

250 g Bandnudeln
200 g Champignons, in Scheiben geschnitten
1 fein gehackte rote Zwiebel
50 ml Sahne (oder vegane Kochcreme)
25 ml Espresso
1 EL Butter
1 TL Balsamessig
Salz und Pfeffer

**Nährwerte p. P.**

*385 kcal*
*39 g Kohlenhydrate*
*19 g Fett*
*13 g Eiweiß*

1 Die Bandnudeln nach Packungsanweisung kochen.

2 Erhitzen Sie für die Sauce Butter in einer Pfanne und braten Sie die Zwiebeln scharf an. Die Champignons dazugeben und alles bei mittlerer Hitze 5 Minuten braten lassen.

3 Mit Sahne, Espresso und Balsamessig ablöschen, nochmals 5 Minuten köcheln lassen und mit Salz und Pfeffer abschmecken.

4 Servieren Sie die Bandnudeln mit der Pilzsauce auf tiefen Tellern.

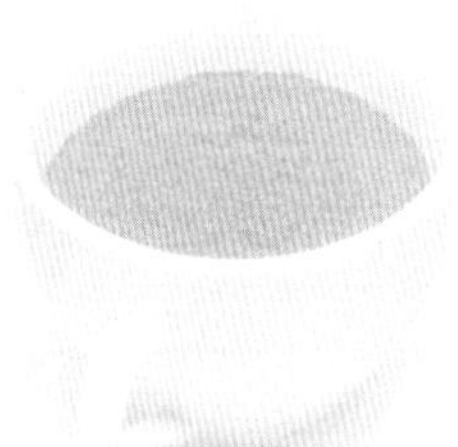

# Bonus: Kosmetikrezepte mit Kaffee

Kaffee kann man nicht nur als leckeres Getränk oder als Zutat für Gebäck und andere Speisen verwenden, sondern auch perfekt als Kosmetik benutzen. Hier stellen wir Ihnen einige Anwendungsgebiete vor.

# KOFFEIN-GESICHTSMASKEN

**Zutaten**

2 EL Honig
2 TL Kaffeesatz
2 EL Olivenöl

1 Vermengen Sie alle Zutaten in einer Schale und waschen Sie gründlich Ihre Hände und das Gesicht.

2 Tragen Sie die Masse gleichmäßig auf Gesicht, Augenpartien und Hals auf.

3 Für 10-15 Minuten einwirken lassen und mit lauwarmem Wasser abspülen.

**Info:**Für eine schnelle Augenmaske können Sie auch einfach nur den kühlen Kaffeesatz unter ihre Augenlider auftragen. Dies hilft müden Augen und Augenringen. Auch als Körperpeeling eignet sich der Kaffeesatz. Diesen einfach mit Jojobaöl oder Kokosöl vermengen und den Körper damit einreiben.

Koffein kann die Durchblutung anregen und dem Alterungsprozess der Haut entgegenwirken. Wenn Sie regelmäßig eine Gesichtsmaske aus Kaffee machen, wird Ihre Haut wesentlich jünger aussehen. Der Kaffeesatz eignet sich perfekt als Peeling, um abgestorbene Hautschuppen zu entfernen.

## HAARKUR

Die Antioxidantien im Kaffee bringen Ihre Haare zum Glänzen und können brüchigen Haaren vorbeugen. Verwenden Sie aber nur Kaffeesatz als Haarkur, wenn Sie dunkle Haare haben. Kaffee hat eine färbende Wirkung und sollte daher nicht bei blonden Haaren verwendet werden. Für eine Haarkur müssen Sie einfach nur einen Kaffee zubereiten und mit dem abgekühlten Kaffeesatz die Kopfhaut massieren. Insgesamt sollte man die Kur 20 Minuten einwirken lassen und mit lauwarmem Wasser abwaschen.

## LIPPENPFLEGE

Sind Ihre Lippen auch oft so trocken? Dann vermengen Sie Honig, Öl und Kaffeesatz und zaubern Sie sich damit eine perfekte Lippenpflege, um spröden Lippen vorbeugen zu können.

## CELLULITE-BEHANDLUNG

Viele der Cellulite-Produkte enthalten Koffein, damit die Blutzirkulation verbessert werden kann. Wenn Sie Kaffeesatz und Olivenöl vermischen, erhalten Sie ein ganz natürliches Cellulite-Peeling.

# GESICHTSÖL

**Zutaten**

100 ml kaltgepresstes Jojobaöl
1 EL frisch gemahlener Kaffee
1 TL Vitamin-E-Öl

1 Kaffee und Jojobaöl in eine hitzebeständige Schale füllen, gut verrühren und in einem Wasserbad auf niedriger Stufe erhitzen.

2 Lassen Sie die Masse etwa 1 Stunde ziehen und trennen Sie den Kaffeesatz mit einem Filter vom Öl.

3 Sobald das Öl komplett abgekühlt ist, das Vitamin-E-Öl dazugegeben, gut vermischen und in eine kleine Pipettenflasche füllen.

4 Tragen Sie das Öl regelmäßig auf Ihr Gesicht auf!

**Tipp:** Sie können auch andere Öle, wie Arganöl, Kokosöl, Mandelöl oder Avocadoöl, verwenden. Es sollte jedoch kalt gepresst und bio sein.

# KAFFEE-QUARK-MASKE

**Zutaten**

1 TL Quark
1 TL frisches Kaffeepulver
1 TL Öl nach Wahl

1 Vermengen Sie die Zutaten in einer kleinen Schale.

2 Alles sanft ins Gesicht einmassieren und etwa 5 bis 10 Minuten einwirken lassen.

3 Mit lauwarmem Wasser abspülen und die weiche, gepflegte Haut genießen.

# AFTER-SUN

**Zutaten**

1 Tasse aufgebrühter Kaffee
½ Tasse kaltes Wasser
1 Küchenhandtuch

1 Verdünnen Sie Kaffee mit kaltem Wasser.

2 Das Handtuch darin einweichen und auf den Sonnenbrand legen. Sie werden merken, dass sich Ihre Haut ein wenig besser anfühlen wird.

**Info:** Kaffee wirkt entzündungshemmend und kann Rötungen lindern sowie Hautkrebs vorbeugen.

# KAFFEE-VANILLE-PEELING

**Zutaten**

2 EL Kaffeepulver
50 g Zucker
1 EL Kokosöl
1 EL Rizinusöl
½ TL Vanilleextrakt

1 Schmelzen Sie das Kokosöl in einem Topf und vermengen Sie dieses mit den anderen Zutaten.

2 Unter der Dusche den Körper mit dem Peeling einmassieren, kurz einwirken lassen und abspülen.

**Info:** Der Kaffee und der Zucker sorgen dafür, dass abgestorbene Hautschuppen entfernt werden, das Rizinusöl reinigt Ihre Poren und Vanille ist gut für das Gemüt und wirkt entzündungshemmend.

# TÖNENDE TAGESCREME

2 Port. 20 Min. Leicht

**Zutaten**

40 ml Espresso
40 ml Mandelöl
1 TL Kakaobutter
2 TL Lanolin (kann man in der Apotheke kaufen)
1 TL Bienenwachs (vom Imker)
1 TL Speisestärke
1 TL Vitamin-E-Öl

1 Schmelzen Sie Kakaobutter, Bienenwachs und Lanolin in einem Wasserbad. Sobald alles flüssig ist, Mandelöl und Vitamin-E-Öl dazugeben und weiter erwärmen (etwa auf 50 bis 60 °C).

2 Espresso und Stärke vermischen und ebenfalls erwärmen. Auch diese Mischung sollte nicht wärmer als 60 °C sein.

3 Gießen Sie die Espresso-Mischung zu dem Öl, alles gründlich verrühren, bis eine glatte Masse entsteht. Die Creme ist anfangs noch sehr flüssig, wird aber fester werden.

4 Lassen Sie die Creme gut abkühlen, dann in ein verschließbares Gefäß füllen.